# 飞跃

张良计 著

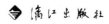

漓江出版社

# 目 录

## 第一章
梦想和现实之间的鸿沟，学会接受

要成长为新物种，你就要经历所有你不曾去扮演的角色。跨领域、跨技能地了解和学习才能更好地适应变化，这也许是斜杠青年流行起来的原因。

## 第二章

### 除非你是万里挑一，否则只是螺丝钉

重视小事，谨言慎行，谦虚如愚。做到这三点，
不久以后你一定能有让自己骄傲的实力。

## 第三章

### 关于职场软实力的硬道理

老板的思路，再千变万化最终都会落实到收益和
成本上，这是商业的核心。

## 第四章
### 高效能人士的思维方式

一眼就洞穿事物本质的人，往往能够抢得先机。因为在别人还在苦苦思索、不得其解的时候，他们已经在分析和解决问题。久而久之，在职场中自然就成长得比别人快了。

# 第五章

## 会学习的人，在任何领域都能变得强大无比

工作中一个人最重要的能力，不是学历多牛，不是实习经历多光鲜，也不是推荐信多漂亮，而是拥有强大的学习力。

# 第一章

## 梦想和现实之间的鸿沟，学会接受

要成长为新物种，你就要经历所有你不曾
去扮演的角色。跨领域、跨技能地了解和学习
才能更好地适应变化，这也许是斜杠青年流行
起来的原因。

# 学校的好坏不能决定你的未来

在我的职业生涯中，经常会遇到刚毕业不久的职场新人向我陈述他们的苦恼。他们的问题很大一部分都集中在纠结自己的毕业学校名气不够响，走出社会之后无法拥有更好的竞争优势，于是总在自怨自艾、唉声叹气：

"我是专科学校毕业的，我其他同学都是本科，我觉得他们看不起我。"

"我毕业的学校没有名气，找工作的时候人家看都不愿意看我一眼。"

听着他们的抱怨，我不禁回想起自己的经历。我毕业的学校在上海也只是一所很普通的二本学校（这个学校现在甚至都已经不存在了），但我通过自己的努力，一步步完成了人生阶段性的逆袭。回溯这几年的时光，我发现学校给我带来的帮助其实非常有限。成功更多情况下靠的是自我的努力和奋斗，而不是所谓名校给你施加的光环。

所谓"英雄不问出处"，因此本书的第一篇文章，就针对毕业学校的问题分享一下我的观点：

本科名牌大学的人就比二本甚至三本的毕业生优势大吗？是的。

本科名牌大学的人就比二本甚至三本的毕业生强吗？不一定。

这个问题的本质并不是别人看不起你，而是你先给自己设定了一个圈套，看不起自己。

本科名牌大学的人就比二本甚至三本的毕业生优势大吗？是的，因为更好的学校能提供更好的学习和社会资源。我就深刻地感受过，名牌大学能提供的资源平台和一般的学校相比简直不可同日而语。

大三的时候我曾参加学校里的一个社团活动，和同学去复旦大学的兄弟社团做合作交流。在讲到拉赞助的工作分配时，复旦的一名同学表示这一块他们来负责。

"复旦的牌子说出去就是保证。"这句话背后透露出的那股自信，让人羡慕不已。

后来走出教学楼，我看到大楼门口的海报墙上贴着五花八门的活动海报，请到的都是有头有脸的人物，规模、层次都是我们学校难以企及的。仅看有些活动嘉宾的名字，就知道是我们学校永远请不来的。更不要提到了毕业找工作时，到这里举办宣讲交流的各类企业，清一色都是各个行业的翘楚。

那是我第一次去复旦，带我去的朋友回来时羡慕地说："人家学校随便搞一个活动都是区里市里的级别，嘉宾都是你在报纸、电视上能看得到的人物，咱们最多一年能请到三四个就很不错了。哎，这就是差距啊。"

这么一个小事情背后反映出来的就是学校和学校之间的差距。名牌大学就是比普通大学二本大学专科大学有更强大的师资、更专业的科研、更高级的社会资源对接入口、更响亮的名声招牌，这一切势必带来更快速的上升通道。这是谁都无法改变的客观既定事实。

但这就能成为轻视自己的理由了吗？

绝对不能，接下来讲第二个问题。

本科名牌大学的人就比二本甚至三本专科毕业的强吗？

不一定。因为学校的背景并不能直接转化为你的价值生产力。

学校不好，我的人生没有希望了。

考试比别人差，我的未来注定低人一等。

第一份工作在一家没名气的公司，以后我不能出人头地了。

抱有这些想法的人不少，只是，这些都有一个问题——短视。这就好比你开车准备去拜访朋友，突然看到一截横木躺在路中间阻碍了你前进的方向。此时你的视线里只有这截横木，满脑子想的都是该怎么把横木挪开，而忘记了此行的目的是到朋友家去做客，欣赏美丽的田园风景。

横木真的是阻挡此行目的的障碍吗？

挪不开横木就不能去朋友家了吗？

除了这一条路就没有其他的路可走了吗？

同样的道理，人的一生那么漫长，为什么大学四年就能决定你以后几十年人生怎么过了呢？为什么一次考试就能决定你的未来了？为什么第一份工作就能决定你以后第 N 份工作会是什么样子了？

客观条件为什么就能成为阻碍主观能动性的借口呢？

没错，名牌大学确实能提供更好的教育师资和平台资源，但这些都是"工具"。工具并不重要，重要的是使用工具的人是谁。

我见过仗着自己名校毕业做事却好逸恶劳、眼高手低的，也见过从来不彰显自己的名校背景而依然勤勤恳恳把每一件小事做好的；我身边有专科学校毕业知道自己专业知识不如别人于是每天下班都给自己加课学习的，也有因为毕业于二本、三本学校觉得自己天生差人一等于是每天得过且过的。

我还认识一个人，大学都没上过。高中毕业他就进了社会，修过电动车，在餐厅端过盘子，学过做厨师，卖过报纸，发过传单，在天桥下面摆过摊，后来因为没事喜欢写写弄弄，好歹进了一家小广告公司，从一个最初级的文案做起，凭借自己多年的人生经验和感悟，以及孜孜不倦的热情和惊人的耐性，一路做到了顶级广告公司的创意总监。

你就读的学校怎么样，和你以后的人生过得怎么样，并没有必然联系。有必然联系的是，能否将你在学校期间的那些经历转化成未来创造价值的生产力。

价值生产力，就是将知识和资源转化成自己拥有的技能和"财产"，并源源不断为自己带来收益的能力。学习了顶尖商学的理论很好，但是接下来你能不能把它们运用在实际工作中？接触了很多圈子里的牛人很必要，但你能不能和他们建立长期友好的交流联系而不仅仅是朋友圈的点赞之交？了解最前沿的资讯非常棒，但是这些对你未来的规划能起到多大的启示和参考价值？

"知道"和"会运用"之间隔着一条隐秘而巨大的鸿沟，可惜很多人并没有意识到这一点，以为"知道"就等于"会运用"。

所以我一直鼓励还在学校里的同学，能够出来做实践实习的尽量早出来做，因为这是最好的转化价值生产力的方式。越早进入社会，才能越早掌握这个社会运转的经验和规则体系，越早体会到这个社会的人情世故，越早建立起切实可行的价值观而不是白日梦。踏入社会之后，很多时候你会发现，学校里教的东西，和社会上的现实前后差了十万八千里。我观察到，这些年发展最迅猛的互联网领域，每年概念都在不断翻新，这些知识被研究透彻转化为教学材料的时间已经足够迭代更新三个系列了。直到现在我还看到有的学校在教学生 Online to Offline 的知识概念。我自己的本行广告领域更是如此，学校里的教材还是十几年如一日地讲可口可乐和宝洁，但是现在这个行业的变化已经天翻地覆了。

"学校"只能提供机会，抓不抓得住机会，全凭你对信息的敏锐嗅觉，凭你对过往经验的不断总结，凭你对日新月异的知识的主动涉猎，凭的全是你自己主观能动性的本事。

"学校"并不能成为彰显自己的名片，它只是对你前面一小段人生的总结。那些工作了还在标榜自己毕业于哪所名校的人，这是他们唯一能够拿出来炫耀的东西。厉害的人从来不说自己过去做过什么，而是现在在做什么。

那么，学校资源不够，平台太小，名声不响亮，怎么办？

接受这个事实。然后把时间花在读书、找实习、听讲座上，给自己不断充电。现在网络这么发达，公众号这么多，在线教育这么普及，想学点与时俱进的东西真是太容易了。

我自己也是二本学校毕业，从来没觉得自己比名校毕业生差多少。与其想这些无谓的烦恼，不如多花时间想想怎么去缩短因为这些客观条件而造成的"差距"。既然先天比不过别人，你就得在后天上比别人更奋进才行。

我学校比别人差，所以以后的人生就这样了吧。

学校名气不响亮，好企业肯定不会要我的。

人家都是名牌大学毕业的，我一个三本专科的怎么和别人比。

依然抱有这种狭隘观念的人，该醒醒了。你的人生过得怎样，绝不是学校的问题，而是自己的问题。

千万不要拿学校当借口来掩饰自己的懒惰。

如果连自己都瞧不起自己，怎么能指望别人瞧得起你呢？

如果读书的时候你不能以学校为荣，至少毕业以后你可以让学校以你为荣。这样才显得你更牛不是吗？

# 你迷茫多半是因为你懒

经常会有职场新人问我这样的问题:

> 我不知道自己以后能做什么,好迷茫,怎么办?
>
> 我不喜欢现在做的这份工作,但是我又不知道自己能干什么。
>
> 我对我的人生好困惑,不知道未来的路在哪里,求指点。

暂且不回答这些问题,先分享一些我刚开始工作时候的故事。

我大学学的是市场营销,这本来是一门很有意思的课程,可惜学校教的内容和这个行业的发展变化严重脱节。那时的互联网正在逐渐兴起,可教材上还在讲几十年前的传统理论。在这样的背景下,我的第一份工作是在一家品牌咨询公司做"策略分析"的工作。

听上去很高级,但其实做的却是很枯燥的工作:找资料,然后把资料塞进 PPT 里。

在那一年多的时间里,我每天都要坐在电脑前翻找成百上千个网页,搜索老板需要的资料文件。长时间在屏幕前逐字逐句地寻找需要的关键信息，重复着各种复制、粘贴的动作，然后在 PPT 上对齐、排版、缩句、找图……导致后来我年纪轻轻就得了腰肌劳损，现在一久坐就会腰酸背疼。

那段时间我不止一次问自己，这就是我想要做的工作吗？这工作以后能干吗呢？不做这个我还能去做什么呢？

像所有刚参加工作的人一样，我对自己的未来充满了困惑和迷茫。我做的是一份不确定自己喜不喜欢的工作，不知道这个工作以后会怎么发展，不知道我如果不做这个，还能去做什么。

那时，我也希望身边有一个职场导师，能够告诉我应该怎么办，该怎么规划自己未来的职业生涯，该如何把手上这份看上去"无聊透顶"的工作做好，直到有一天下午我在找资料的时候看到一个视频，那是苹果公司的创始人乔布斯在斯坦福大学毕业典礼上的一段演讲。这段演讲非常有名，各位在网上能够轻易找到。

那段视频里有一个观点让我印象非常深刻，以至于对我后来思考问题的角度产生了深远的影响。他提到：那些让你在将来引以为傲的事业，都是从你最初不喜欢或者根本没在意的小事情开始的。

其中他提到自己在大学时喜欢旁听学校里的书法课。这门在当时看上去在生活中毫无实用价值的冷门课程，却教会他如何让字体排版变得好看。十年后，这些知识被他充分运用在苹果 Macintosh 电脑的文字版式设计中，大获成功。

乔布斯说："我在大学里是不可能从这一点上看到它和未来的关系的。但是十年后再回头看，它们的关系就非常清楚了。"

这正像职场新人所面对的问题一样。很少有人在刚开始工作的时候，就找到一个自己非常喜欢的工作。尤其在中国，我们在大学里学的专业课程可能和我们未来从事的工作一点关系都没有，但这并不意味着过去的经历在我们的人生中毫无价值。

事物的因果规律总是非常奇妙。拿我自己举例，我的第一份工作枯燥无味，每天对着电脑找资料，就是这样日复一日的"找资料"，让我不经意间培养出快速收集信息的能力。那时候我主要研究一些 B2B 企业的行业发展现状以及产业经济政策。很多时候网上资料少、更新慢。一开始我也是先从百度开始搜，很多时候要翻 20 多页才能找到我想要的东西。后来我换了搜索思路，尝试从行业的垂直网站下手，先收集行业内比较知名的门户垂直网站，然后在这些网站上按照我需要的关键字搜索信息，同时我会特别关注信息的来源和作者，将同一来源和作者的信息进行比对，排除重复的信息，提炼新的信息，对某一个我不确定的问题会在不同的垂直网站中搜索相关资料来加以佐证，排除干扰……这些都是我在这个"枯燥"工作中逐渐摸索出来的方法。

在长时间找资料的过程中，我渐渐知道哪些网站的信息翔实，哪些渠道的资料来源可信，哪些文章一看标题就知道是转载的，哪些文章的内容一看就知道是抄袭，哪些信息是要去政府网站上找，哪些信息是要从财经网上搜……那时我并没有意识到这份工作给我带来这么一个"额外"的技能，只是每天被各种"折磨"，内心只想着早点做完早点下班。但这些经验已经潜移默化地深入我的内心，以至于到后来，让我研究一个行业或者一个现象时，我能马上找出各种相关资料信息出来，并且保证完整、可靠。这也间接导致了我现在思考问题的逻辑和方法开始变得清晰有条理，对我未来的人生产生了重要影响。

同时，在这一年多的工作时间中，我知道了自己擅长做什么、不擅长做什么。比如虽然我搜索资料的能力突飞猛进，但我其实还是不喜欢这样重复劳动性的工作；再比如每次写完策略方案我都很喜欢和创意部的同事一起讨论接下来的创意方案，我很喜欢看那些天马行空的广告，喜欢和大家一起头脑风暴出各种好玩的创意。渐渐地我开始意识到，我应该去做一份更有创造性的工作，而不是每天坐在电脑前重复同样的事情。于是在待满一年零三个月之后，我毅然辞职，去了一家广告公司，开启了完全不一样的精彩人生。

这段刚毕业时的简短经历，我后来时常也会回想。那时的我和所有刚工作不久踏入社会的新人一样，内心都充满了踌躇迷茫。但是我没有想那么多，就是用心去做手上该做的事情。

因为想得再多，那都仅仅是"想"。离去做，离改变，离成功，还有非常遥远的距离。

我们谁都不是隐居隆中那个文韬武略的诸葛孔明，坐在深山里就对外面的世界了如指掌，动动脑子就能左右一场战局的胜败。更多时候，生活需要我们行动起来，需要我们亲身去实践、去体验、去反思，去接受生活给予的所有选择，当我们能做到无懈可击时再去重新选择；而不是每天苦苦思考"我的未来在哪里"。在我看来那不是迷茫，那是懒惰。

因为懒得去实践，所以不知道真正做起来自己有哪些地方不足；

因为懒得去研究，所以相信周围人的道听途说；

因为懒得去反思，所以觉得大家都这么做，自己照葫芦画瓢肯定没问题；

因为懒，所以从不曾认真了解自己，不知道自己擅长做什么事情；

因为懒，所以总是期望从别人身上得到问题的答案；

因为懒，所以一份工作做了两三天就觉得没意思不想干，而从不曾想过去研究这份工作的规律、价值和诀窍。

难道每一份不喜欢的工作里，一点启发和帮助的地方都没有？难道不喜欢做的事情里面，就找不到一丁点儿有趣的东西？既然觉得学不到东西了，那么敢拍着胸脯说交给你的事情都能够圆满完成吗？

回到文章开头的那些问题，我的答案是，说再多道理，都不如自己去摔一跤来得实在，来得记忆深刻。

不知道自己能做什么的人，先弄清楚自己不能做什么；不清楚自己擅长做什么的人，先弄清楚自己不擅长做什么——这是我唯一的建议。而这些，只有当我们真正去"做"的时候，才会有深刻的感受，才会突然开窍，才会知道什么是我们一生要追求的事业。纸上谈兵的道理都是虚妄。

如果说我们每个人刚踏入社会的时候都是一张白纸，那么无所谓一开始在这张白纸上是用水彩笔、毛笔，还是用油画笔、铅笔，描绘出最绚丽的颜色。也许当你用铅笔画了一段时间后，发现没有色彩会让你觉得不够精彩；也许当你用毛笔画了一段时间，发现自己更喜欢精雕细琢的细节；也许当你用水彩笔画了一段时间之后，开始觉得色彩层次感更重要……这些都不是问题，当你找到自己想要的那支笔时，重新再画就好了。但问题在于，第一次面对那张白纸的时候，你敢不敢动手去画？

最后以乔布斯那段著名演讲中的一段话作为结尾，与各位共勉：

"你过去的种种经历，就像人生中的一颗颗珍珠，当你在未来某一天的时候找到了那根线，你就会把它们全部串联起来，变成美丽的项链。"

# 没人有义务管着你

先说个小故事。

我有一个好朋友，在一家知名的珠宝公司工作。最近她跟我说公司新招了一个刚毕业的大学生，因为一个新项目启动，所以经常晚上要加班到很晚，有时候甚至需要通宵工作。然后过了几天，她跟我说，你猜那个孩子干了件什么事儿?

她居然买了一张床搬到公司。

没过多久一个重要客户来拜访，早上来到她们公司，看到门口摆着一张行军床，据说当时惊讶得以为自己走错了地方。

她们老板知道这事当时就炸了。

我朋友疑惑地问我:"公司里有休息室，虽然空间不大，但一个人睡一觉还是没什么问题。她连招呼都不打一个就突然搬了张床过来，现在的年轻人真的看不懂。"

我以前工作的公司也有一批毕业没多久的新员工。平时私下里来跟我诉苦，觉得自己在这里学不到东西，做的事情好无聊。我问他们平时都做些什么事情，回答基本上是这样:

"就是整理文件啊，给老板订机票、报销发票什么的。"

"我老板经常让我处理一些我根本没做过的事情，他没时间教我，我也不知道该问谁。"

"那个隔壁组的 Shirley 老是丢给我一些翻译啊、填 Excel 数字的活儿，我觉得自己读个硕士回来就做这些事儿好没劲。"

每天都干着鸡毛蒜皮的事，没人愿意教我，我想做更有挑战的事情……他们的烦恼大致是这些。

于是我想起自己刚开始工作那阵，有一次组里正在忙一场大比稿，需要做竞争品牌的市场调查。当时我还是个实习生，组里派我去竞争对手的店里拍照片，把人家最新上架的产品都拍下回来研究。

那天上海下着暴雨，我一个人背着一个大相机，坐了一个半小时的公交，顶着风雨再徒步走了一个小时才到了店里。结果人家店员一听我要来拍照就不让。于是我灵机一动，编了个理由告诉对方：我是你们品牌广告公司的人，最近要帮你们家拍广告片，先来收集一点素材。店员小哥一听，赶紧把他们家产品全部拿了出来，我一个不落全部拍了下来。回到公司后，我花了一晚上的时间把照片仔细地按照产品品类进行分类，做成报告，最后发给组长。

这事儿我到现在还记得，是因为那天我恰好重感冒，回来就发了一个星期的烧。而那个时候我一个月的实习工资只有 500 元。

要是放在如今，我岂不是更应该跳起来和老板抱怨公司没人性？但那时我没有，可能是因为我傻，觉得这些经历都是很新奇的体验，并没有过多去考虑做这些事公司应该付给我多少钱。但几年之后再看这段经历，我突然惊觉原来这就是市场调研工作最为关键的内容。我比其他人更早地接触了这种工作，让我在这方面有了经验优势，以后我就可以带领其他的实习生了。

和所谓的"辛苦"比起来，这是无价之宝。

后来因为工作原因，我读过许多市场研究公司做的90后调研报告。我发现报告里最后的结论都是：现在的年轻人找工作更依赖个人兴趣。他们崇尚自由、开放，不受拘束，想干吗就干吗。所以品牌雇主们，要改变过去管理员工的方法，要给他们更多的自由和自主权。

前面的事实我同意，但后面的结论我却不能苟同。

自主和自由只能凭本事挣来，在没有本事的时候谈自由就是笑话。这个世界并没有那么善意，更多时候是"合乎情理的无情"。

无论时代怎样发展，一个百年奢侈珠宝品牌也不会允许员工在自家公司门口摆一张行军床；一个正常的公司企业也不会把最重要的事情交给一个初出茅庐的大学生；一个一年工作经验都没有的新人不可能拿到很高工资，就算觉得自己再苦再累，都不可能。因为功劳并不等于苦劳。

觉得加班累了，晚上可以带张被毯过来，公司有休息间有沙发，况且，公司不是学校宿舍，更不是家里温暖的卧室，行动之前要先考虑有可能造成什么后果；觉得没人教你这太正常不过了，更多时候你需要自己主动去问去学，如果跟不上就只有被淘汰；觉得工作劳苦报酬少，先看一下你做的事情对团队和公司产生了多少价值，富士康流水线上的每一个工人都不比你轻松。

这些都是一个成熟的职场人会遵循的原则。在什么规则都还不了解的时候，在什么贡献还没有做出来的时候，妄谈自由那是无知。这个世界只以结果论成败，不以过程论英雄。无知并不是个性，想快速成长就必须做好地狱般特训的准备。老板永远都是先看价值，再谈价格。

然而，这些职场里的基本原则却被当今的媒体批得一文不值。为了吸引眼球、炒作热点、赚取流量，各种拿 90 后当标签的不负责任的文章铺天盖地：

一开始是 90 后惊天语录，然后是 90 后霸道总裁，接着动不动就要颠覆一个产业，一言不合就给员工发一个亿……

这种不负责任、不做调查的炒作报道，让年轻人觉得成功可以很容易。我曾经面试过很多连实习经验都不超过两个月的大学生，他们都觉得创业特别简单，不就是开发个 APP，写一套 PPT，跟投资人吹吹牛，然后仗着自己是 90 后的标签，百万融资手到擒来。至于商业模式、产品设计、市场调查、竞品研究、行业趋势、宏观政策，这些一概不讲。

这种疯狂的气氛不断滋生，眼高手低的人越来越多，踏实做事的人越来越少。就算不去创业，很多年轻人也觉得赚钱很容易，交到他们手里的事情还没做顺溜就敢开口要八九千，仿佛公司就是印钞厂；头天晚上整理了几个表格就头昏眼花，嚷嚷着这不是自己想要的事业；甚至连公司的咖啡好不好喝都能成为他们要不要来上班的理由。

"我年轻，我有诗和远方，我有远大理想，你们都是老顽固，未来不属于你们。"这仿佛是他们心中的呐喊。

但我要说，这样的年轻人，未来更不属于你们。

如果不信，不妨试试自己开个公司，说不定烦琐的工商和税务注册都能让你打退堂鼓；或者再试试洽谈一个新客户，说不定前期的资料文件准备你都要花一个月，还不谈后面项目的跟进和执行；要么试试自己去开一个公众号，说不定热血沸腾写了两个星期发现阅读量依旧维持在两位数时，就开始对人生产生怀疑；再不然自己去组建一个团队试试，说不定一开始连股权分配都能把你折腾得疲于奔命。

媒体炒作文章里写的事看上去都挺容易，那只是因为你根本没有做过而已。你只看到表象，然后就凭道听途说的信息和不切实际的幻想，以为成功很容易。这样的人，谁又敢把未来交给你？

马云曾经在公司内部说过这么一句话：刚进公司一年的人，谁提战略谁离开。

当你还没有了解和适应一个环境时，提什么意见都是片面之词。在你还没有了解一个公司企业的运转规则时，谈什么改变都是鬼扯。

回到一开始的问题：

觉得公司交给自己的事情没有意思，做起来很无聊怎么办？

我的答案是，收起不知所谓的矫情、无知和浮夸心，耐心磨炼自己的本事。等你有本事了，你才有充分的自由说 Yes 和 No；等你能独当一面了，你说的话才会有分量。但在这之前，请踏踏实实把交给你的事情做好。"不积跬步，无以至千里"，请牢记古圣贤的劝诫吧。

# 学会接受这个世界的恶意

踏上职场以后,我们对社会周遭的认知,会发生很大的改观。许多在过去我们看来显而易见、天经地义的事情,现实里很可能是完全相反的。大多数刚踏上职场的新人对此会感到非常不适应,但这是一条必经之路。只有坚定勇敢地去接受和面对它们,你才能克服内心的柔弱,逐渐成长为独当一面的人。下面我总结出对于新人而言,可能初看觉得职场现实一点也不友好,但细想一下却是合情合理的四点建议。

## 第一份工作没有资格谈工资

第一份工作谈工资更像是买方市场,你的定价权在公司手里。公司会根据行业薪酬的通行规则来决定入职新人的薪资水平。

站在公司的角度来看,决定薪资多少的永远是员工为公司产生的价值。这取决于你所具有的优势,可以是带领和培养团队的能力,可以是写得一手好方案,可以是擅长开拓新客户……但最好能把它们转化成能为公司创造多少利润这样直观的衡量标准,这才是谈薪资时手中最大的筹码。

比如你负责维护一个客户,这个客户一年能给公司带来的直接收益是

200万元，那么在扣除人力成本和固定成本之后，算出你为公司创造的净利润是多少，拿着这个数字去谈薪资，才有理有据。

所以当第一份工作什么都不懂的时候，最好耐心地跟着前辈去学。如果碰到一个愿意好好教授的老师，我会觉得那是我上辈子修来的福分。如果没有人愿意教，那就自己多花时间去观察周围前辈是怎么工作的，琢磨他们遇到事情时的处理方式，迎上去向人家请教，甚至请人家吃顿工作便饭……这都是主动学习的方法。要知道在职场里每个人都有自己的事要忙，你不主动别人更不可能主动。

等历练出一番本事，能够气定神闲地和面试官谈笑风生了，面对抛过来的问题能够"兵来将挡，水来土掩"，再去谈工资和未来。那个时候就是卖方市场，定价权是掌握在自己手里的。

这个世界只看结果，不看过程。

## 抱怨公司制度不合理？没关系，你可以走

这个世界上并没有十全十美的公司，就像没有十全十美的人一样。想要公司的牌子叫出去响亮，工资高得让同龄人羡慕，每天有班车接送，中午的食堂饭菜可口，领导孜孜不倦地耐心教导，同事之间和和气气没有钩心斗角，每天正常上下班晚上加个班还有三倍工资补助……这些大概只有在每年招聘季的时候会被拿出来做宣传文案，光鲜亮丽的一面背后暗藏的往往是残酷的职场生存现实。

我有很多朋友在世界500强、4A、四大、BAT这些公司工作。他们的福利待遇非常好，假期长，医疗保险好，薪资极具诱惑力。但与之相称的是更激烈的内部竞争，更大的工作强度和压力，更刁钻的客户。

我有一个同学在一家外资咨询公司上班，曾经连续两个月周末都没有

休息过，一个星期跑了五个城市。双十一的时候，我的一位在阿里巴巴工作的朋友连续一个月在公司打地铺，支行军帐篷，每天跟打鸡血一样。这些都可以说是公司的制度，在这样的制度下，员工的最大价值得以发挥，公司组织的运转效率达到最高，创造的商业价值达到最大化，反馈给员工的薪资福利才能富有竞争力。管理层考虑问题，永远是如何能让大多数员工更高效地工作，集体的效益永远高于个体的收益。所以即使你是万里挑一的人才，也不可能凌驾于公司制度之上。因此在抱怨公司制度不合理之前，首先思考一下自己有没有做过对公司有实质性价值的事情让不合理得到改善？觉得加班太多不合理时，有没有反思过可能是因为自己工作效率低？觉得老板对自己不耐烦的时候，有没有反思过可能是自己没有用心学，或者同样讲过两三遍的问题还在犯错？

如果你的答案是：不，我都已经做得很好了。那么你完全可以离开这家公司，外面有更广阔的天地适合你去发展，你值得被更好地对待。

但如果这些问题还需要掂量思索一下，其实去哪里都是一样。

## 踏实磨炼自己，不要聪明反被聪明误

我曾经遇到过一些新人，刚来公司没几个月就到处招摇是非，闲话短长，排除异己不声不响，争功躲过游刃有余。我感叹他们习得一手职场厚黑学，同时可惜他们有这么好的学习力，为什么不把专业工作本事锻炼好。

他们以为凭着小聪明在办公室就能腾挪躲闪、八面玲珑，殊不知大家只是表面上和气生财，一旦遇到利益相关的问题，很可能立马撕破脸皮。很多时候你以为事情都在往好的方向发展，但很可能突然有一天会给你一个晴天霹雳。如果没有深厚的内力功底，你很可能就被打击得一蹶不振。

我曾经有一个同事就很会在办公室里"长袖善舞"。她深知每一个员工的八卦，最擅长做的事情就是为了讨好对方而故意说对方对手的坏话，还有出卖别人的信息换取对方的信任。表面上她和大家都是"推心置腹""同仇敌忾"的好朋友，但是私下里人们互通有无之后都知道她两面三刀，不足为信。到最后公司每个人都知道她嘴巴不牢，为了一己私利会出卖别人。没人愿意和她合作，也没人敢和她说重要的事情，没多久她就被老板找了一个理由给"请"走了。

这是一个反面例子，对于职场新人而言，学这种歪门邪道很容易走火入魔甚至身败名裂，聪明一定要用在正道上。

### 会拍马屁也是一种本事

有的人拍马屁把客户哄得花枝乱颤，从而给公司带来订单；有的人拍马屁能一下子缓解紧张的局势；有的人拍马屁能迅速拉近和陌生者的距离，让交谈"破冰"。

"拍马屁"这个在我们许多人眼里看来上不了台面的技能，背后实际上折射出的却是职场人际关系处理的一项重要诀窍：沟通。

关于这一点我会在后面章节的文章里详细说明。而回到"拍马屁"这一点上，会拍马屁的人一定懂得察言观色，善于站在对方角度想问题。

对于需要经常与人打交道的行业和职位而言（如销售、市场、公关、商务谈判等），这一点至关重要。

所以不要见到公司里会拍马屁的人就觉得对方"没有什么真本事"，或者抱怨自己读了这么多年书，最后怎么输给一个会拍马屁的人，认为凭什么拍马屁的人工资竟然比你这个每天辛苦做案头工作的人还高，等等。实际上拍马屁也是一种本事，聪明的老板会人尽其用，把这样的人放在合适的位置上创造更大的价值。而对于职场新人而言，从对方拍马屁的话术中学到沟通和销售自己的技巧才是更有意义的事情。

比如如何分析对方的显性需求和隐形需求，如何找到适当的情绪点进行沟通，如何趋利避害进行痛点沟通等等。

这些都是"拍马屁"的技巧，也是沟通的技巧。这个世界，存在就是合理。不必轻视"拍马屁"，而是接受它，学习它，最后超越它。

# 学习力，才是你最先要培养的能力

11 年前有一部美剧，叫《Heroes》。故事讲的是正反两派都是一群有超能力的人，双方为了一个巨大的阴谋互相打了十多集。虽然剧情很老套，但是让我感兴趣的是里面正反两派首领的设定。作为两边的老板，他们自己却不会飞，不会手上冒火，不会隐形，不会心灵控制，不会瞬间移动，不会突然力大无穷能够举起一辆装甲车。正派首领的能力是当他盯着一个超能力者使用自己的力量时，马上能把这个能力复制到自己身上，比如他看到一个人在徒手煎鸡蛋，过了一会儿他就会了；反派首领血腥一点，当他看到一个人在徒手煎鸡蛋时他得先把这人的脑壳给削了，然后盯着对方脑回路看一会儿之后他也会徒手煎鸡蛋了。

他们的超能力没有任何视觉特技效果，但我认为这却是全剧中最牛的能力。因为他们只要看到了有人使用超能力，就能马上掌握，最后无所不能。

这个能力，叫学习力。一个会学习的人，在任何领域都能变得强大无比。

同样的，工作中一个人最重要的能力，不是学历多牛，不是实习经历多光彩，也不是推荐信多漂亮，而是拥有强大的学习力。但很可惜，学校教会了我们德智体美劳，社会教会了我们人情和世故，却没有人教我们如何去学习"学习"。

一个学习能力强的人，即使他是一个刚入职场的小白，也能够快速掌握工作技巧。一个学习能力差的人，即使工作了好多年，看上去"经验丰富"，但一遇到实际问题，你会发现他给出的解决方法要么思路混乱，要么不切实际，这样的例子我曾遇到太多。下面简单谈谈我对"会学习"的理解：

## 会学习的人，首先会观察，能找到事物的共性

在我读小学的时候，有一次学加减乘除的四则运算法则。那时我因为生病，有几节课没去上，导致和班上的同学进度有些脱节。有一天我在家做练习册，发现有几道题目里加了括号，例如"$2 \times 3-（5-2）-2=？$"。我想了半天，发现老师上课的时候都没有讲过带括号的题目怎么解，后来我就去翻答案，结果答案只有一个孤零零的数字 1 摆在上面，并没有解题过程。于是我就尝试着用答案来反推解题过程：

$2 \times 3-（5-2）-2=1$，这个等式去掉括号如何才能成立？在试过了几种方向之后，最后我发现只有：$2 \times 3-5+2-2=1$，这个等式才成立。

进而我发现，当括号前面是加号的时候，去掉括号，括号里面的运算符号不变；

当括号前面是减号的时候，去掉括号，括号里面的运算符号要变成相反。

后来我拿着这个结论去验算其他类似的题目，发现全部符合这个规律。而当时因为缺了几堂课，我之前并不知道这一点。

这是一个最简单的"演绎归纳"的推理过程，而它背后的逻辑是，通过找到个别事物的特性，从而反推找到整体的共性。

在日常的工作生活中，这种方法其实屡见不鲜。比如，谈恋爱的时候，男生为了讨好女生会在追求的过程中说各种甜言蜜语，可是等到追到手以后就变得不那么上心。这是通过几个个别事例总结出来的事实，然后情感专家们据此就会得出一个共性规律：

得不到时才是最好的，得到了就不会懂得珍惜。

再比如，在给领导做工作汇报的时候，通常时间都不会超过半个小时，因为领导总是有下一场会议要赶。这是你在做了几次汇报之后发现的一个事实，然后职场专家据此就会告诉你一个共性规律：

领导的时间都是有限的，所以汇报工作要精简抓住要点。

这个世界上所有的事情，背后都有一套简单的运转规律。会学习的人，首先会观察，找到事物背后的本质，继而发现共性，最终推论到全局。无论是科学研究还是世故人情，无论是商业经济还是生物进化，支撑着这些领域不断向前发展的都是很简单的几条规律，或者说真理。这些才是人类智慧的结晶。

牛顿三大定律，摩尔定律，广义相对论，波士顿矩阵，达尔文进化论，星座星盘，如何防范渣男……这些实际上都是一个东西——规则。聪明人从大量事实中发现共性，总结规则；普通人顺应和利用这些规则，仅此而已。

## 会学习的人，一定是"活学"，一定会举一反三

我们身边一定有那种各门考试都很好，但是一遇到没见过的问题就不知道该怎么解的"学霸"，这种叫"死学"。

会学习的人，一定是"活学"。"活学"最大的特征就是，跨领域的规则运用。你在 A 领域学习到的规则，发现在 B 领域同样适用，或者在 C 领域更改一小部分也能适用。

比如，能量守恒定律最初是物理学规则，但是同样适用于商业领域，于是有了"零和博弈"；

比如，"物竞天择，适者生存"最初是生物进化学的理论，但是推演到任何一个高度竞争的领域都同样适用。在工作中，能力强的人会一路高升，能力差的人一定会被淘汰；在商业竞争中，质量好的商品会受到追捧，质量差的商品会被下架。

会"活学"的人，一定会"活用"，再复杂的问题到了他们手里都会变得清晰和简单。碰到一个新问题，他们会首先找相似性和共性，一旦发现和自己过去遇过的问题有相似之处，他们就进入一个熟悉的领域，思路马上打开，问题迎刃而解。

## 会学习的人，从来不会在一个领域死磕

我认为这个世界上"通才"比"专才"更能适应竞争。因为相比"专才"，在面对急剧变化的形势时，"通才"有着更强的应变能力。

我有一些做 IT 的朋友，都在世界知名的 IT 公司做了好多年，各自领域里都是一等一的"专才"。最近和他们聊天，给我最大的感受就是，他们觉得自己跟不上时代的变化了。在七八年前，互联网还没有像现在这么发达的时候，他们靠几个核心技术和产品就能全年高枕无忧，客户会排队上门来买。可现在他们发现，过去这些让自己引以为傲的东西正在以意想不到的速度土崩瓦解。新的概念和技术每天层出不穷，行业的规则每天都在刷新。一个朋友开玩笑跟我说，也许过了几年打败他们公司的会是一个

卖跑鞋的。

凯文·凯利在《失控》里有一句话说得特别好：

> 要成长为新物种，你就要经历所有你不会去扮演的角色。

当环境开始急剧变化的时候，一定是内部和外部同时发生了改变。如果只是单一内部发生改变，以往过去的规则和经验或许足以应对和解决问题，但是一旦这个冲击变化来自外部陌生的领域，经验主义就再也不适用了。最好的例子就是，近几年来几乎中国所有的实体经济都开始朝着"互联网+"的方向发展。你会发现，手机原来还可以放在网上卖，出租车可以用 APP 来叫而不是打电话，一个网红淘宝店一年的营业额居然比一个占地 5000 平方米的大型商场还多，这些在过去让人们匪夷所思的事情，背后都蕴含着新的规则和逻辑。

落实到职场中的你我本身，对自己专业领域的技能掌握或许已经远远不够，跨领域、跨技能的了解和学习才能更好地适应这样的变化，这也许是斜杠青年流行起来的原因。因为你永远不知道未来颠覆你所在行业认知的会是谁。所以在这之前，尽可能让自己掌握多个领域的技能，不要把所有鸡蛋放在一个篮子里。

Stay hungry, stay foolish。

即使你已经成为一个"专家"，也请时刻把自己保持在"傻瓜"的心态：求知若渴，求贤若愚。

# 第二章

## 除非你是万里挑一，否则只是螺丝钉

重视小事，谨言慎行，谦虚如愚。做到这
三点，不久以后你一定能有让自己骄傲的实力。

# 先把事情做对，再把事情做好

我曾经收到过这样一则提问：

> 我刚参加工作不久。当时面试进入这家公司很不容易，这家
> 公司在行业内也蛮有名的。我被分配到一个项目组里，老大和同
> 事人都不错，每天也有开始教我一些东西。公司定期会有培训，
> 感觉自己要学习的东西特别多。我渐渐觉得压力很大，分配给我
> 的工作我都尽量认真做好，想给大家留下一个好印象，但是总是
> 不得要领，总犯低级错误。看到周围跟我同时期进来的人已经开
> 始能够做一些小项目了，我还是原地踏步。我有时候觉得好急，
> 可也不知道该怎么办，我是不是太笨了？

首先，这位同学一心想把事情做好的这份心十分值得赞赏。其次，我
猜他可能还没有掌握这份工作的要领，或者说，还没有熟悉他真正的岗位
职责。

我说的岗位职责可不仅仅是招聘面试上关于"岗位要求"的描述文字。

先说个身边的例子。我有个朋友，她的第一份工作是做助理。她的老板是一个典型的雷厉风行的女强人。初进入这家杂志社的时候，她每天都提心吊胆，生怕自己做错了什么事情。这个情景很像电影《穿 Prada 的恶魔》里的剧情。有一次老板的女儿过生日，安排她去订一个生日蛋糕，她顺手订了一个巧克力口味的。结果恰恰老板的女儿什么口味都能吃，唯独不喜欢吃巧克力口味的。她在订蛋糕之前并没有询问过老板女儿对口味的喜好，更不要说蛋糕尺寸的大小，蜡烛要几根，是否要加特殊的食材，等等。最后的结果是蛋糕已经订好，生日 Party 也已经准备就绪，木已成舟只能"顺"水推舟。

那家公司在招聘面试上可绝不会写"帮老板订生日蛋糕"这种工作内容，但却实实在在发生了。而她犯的错误其实很多职场新人都容易犯：做事按照自己以往的风格习惯来，而不是适应职场上的"新习惯"。

想把事情做好没错，但是在做好之前有个大前提，叫"先把事情做对"。刚开始工作的头一两年，职场新人更多是需要熟悉自己的岗位，了解公司及同事之间相处的规则。这个规则有人情世故，有职能划分，有效果评定，有奖惩规章，还有公司文化，等等。在完全掌握这些规则之前，尽量先让自己把事情做"对"，做到六七十分，再去想怎么做到 90 分、100 分，甚至 120 分。

一步登天青云直上的人有，但这就跟摸彩票一样是天时地利人和的结果，可模仿性很小。况且，人家背后所付出的艰辛也远远超过我们的想象。

下面几点是我认为非常好的工作习惯，特别是对于新人而言，越早养成越好。

## 把你过去不好的习惯全部清零

都说初入社会的新人是一张白纸，这个说法我觉得有待商榷。如果说工作经验，职场新人确实是一张白纸；但是在为人处世上，就绝不是白纸了。许多在读书时期养成的习惯，会对以后工作和生活造成巨大影响。而有些不好的习惯，越早戒掉越好。

比如说，以前都是家长父母围着你转，你做事很少求过人。但在工作中，大家更多的还是凭实力说话，你过去的这些"优势"很可能在你入职的第一天就荡然无存。当你问旁边同事一个简单问题的时候，很可能对方都不理你，这种落差带来的挫败感很可能让你觉得周围的环境和自己格格不入。

比如说，以前你是个品学兼优的好孩子，年年奖学金拿到手软。但是在实际工作中，你却发现自己连一份简单的 Excel 表做了 10 遍都达不到要求，这个时候你很可能会觉得烦躁不堪，想甩手不干。

再比如说，老板总是给你安排一些打杂的工作。就我所在的广告公司而言，很多刚来没多久的实习生新人，日常工作基本上都是：订一张机票，贴组里成员报销的发票，订一间会议室，发一封会议邀请通知，给到公司的客户买 10 杯星巴克的外卖等等。这个时候你很可能觉得一点成就感都没有，觉得自己大好的才华和抱负都被埋没了。

初出象牙塔、壮志满怀的人几乎都有过这样的想法，我自己也或多或少曾经这样埋怨过。但是现在回头再来看，当时如果早点避免以上这些想法，我应该会成长得更快。

一份 Excel 表格背后的学问可不小，它的真正用途，阅读它的是谁，最聪明简便的呈现格式是什么——你是不是都了解清楚了？这可不只是纠结这一栏的数字应该放在左边还是右边，用红色还是紫色那么简单。

所有鸡毛蒜皮的事情，都是在磨炼一个人在工作细节上的处理能力。这其中考察的有工作规划能力、同事之间的沟通能力、专业技能能力等等。

如果连一份打杂的事情都做不好，没有人敢把更重要的事情交给你。很多你现在仰望的大咖牛人，最初很可能都是从一份前台的工作开始做起的。

把姿态放低一点，才会有人愿意教你；多学会一点隐忍，才会有厚积薄发的可能。无论你当初在学校多么厉害，刚工作的时候大家的起跑线都是一样的。每个人都喜欢和谦虚的人一起工作，尤其是新人。

## 养成多问问题的习惯，并且记下来

虽然你是一个新人，但很多时候没人有义务主动去教你，也不代表你可以每天坐在位置上无所事事。

新人可能觉得自己问的问题很白痴，不好意思去问，比如"这个发票应该怎么贴""这个文件应该怎么保存""这台打印机应该怎么用"等等。

但比起那些因为不知道怎么处理而造成工作中更多不必要的麻烦（比如我曾看见其他组的新人在公司重要会议上，因为不知道怎么用打印机扫描文件而耽误了所有人的时间），这些问题还是越早弄清楚越好。

大多数职场中的同事，都是很友善的。只要你不是摆着一张"我是女王""我是明星"的傲娇扑克脸，客气地去请教，大家都是愿意教你的。

而在这个时候我强烈建议你随身带一个小本子，把对方说的答案记下来。这样做有两个好处：

1. 口头的话语往往是零散不成系统的，当时说的东西很可能过一阵再想起来跟没说一样。拿一支笔按一二三点记下来，等对方说完之后再重新确认一遍，确保万无一失。

2. 好记性永远不如烂笔头，这么做避免了以后遇到同样的问题再去询问对方。虽然大家都很友善,但同一个问题没有人喜欢一直回答。

我刚开始工作那阵,在办公桌上一直有一个小本子,每次做错事情都会记下来,包括做错的原因,以后怎么避免,再遇到类似的事情怎么处理等等。这本子我用了两年。

每个人都会犯错,但同样的错误不要再犯第二次。做到这一点,非常加分。

## 察言观色不是世故,而是情商

职场中的沟通技巧非常重要。对于新人来说,懂得观察和分析对方的言语,揣摩其背后的情绪变化,是最先应该学会的。

我的一位同事,最近想招一个新人。面试的几个人中,有一个小朋友非常"热情"。面试完毕后,他不断在微信上询问我同事觉得他怎么样,并且一再表示非常仰慕这家公司,希望能够将自己的青春"奉献"给这里。

首先,他的诚意确实很足,任何公司都希望能有充满活力的新人加入。

但是,招聘并不是今天面试明天就能确定的。任何做过招聘的人都知道,这其中有用人部门的评估,应聘者的筛选和对比,向更上一级的汇报等。那些大的公司,招聘流程走一两个月是很正常的事情。这段时间,应聘者能够做的就是耐心等待,同时可以寻求其他的面试机会,多方对比。而不是隔三岔五每天都在微信上"骚扰"招聘人。特别是在我同事已经三番五次明确表示"请耐心等待,公司流程会比较久一点"的时候,还一如既往地发大段的信息表明自己的"雄心壮志",希望以此打动招聘人。

这样打动不了任何人,只会让对方觉得厌烦。

如果最基本的察言观色都做不到，你连把一件事情"做对"的机会都没有。

而最基本的察言观色包括：

1. 对对方回复文字的情绪判断，如果每次都是简短的几个字回复，很有可能对方在忙。如果有比较复杂的事情要说，可以约个时间再聊，而不是噼里啪啦一段文字或者语音发过去。

2. 当发现对方讲话的语气和平时有差别时，一定要多留心眼。很多人讲话都会有特定的习惯，比如喜欢使用某些语气助词，喜欢使用某些标点符号甚至表情。当你发现有一天对方和你沟通的话术里这些习惯突然都荡然无存的时候，一定要留心是发生了什么事情。无论和你有没有关系，都不要像以前那样随随便便说话。注意措辞，就事论事，不要妄加猜测和臆断。

3. 不要随意打断正在讲话的人。即使你突然灵光一闪，即使你不同意对方的上一句话，也请等对方全部讲完再一一回复。这是基本礼貌。

4. 当对方的答复和你所期望的回答背道而驰时，不要强加自己的思想给对方。可以采用迂回的策略去探究对方拒绝你的原因，而不是纠结"你为什么拒绝我"或者"求求你答应我吧"。这么做只会激化矛盾。从原因入手，从下至上逐条分析，找到反驳或者突破的点，有理有据地说服对方。

清零自己，多问问题，察言观色，做到这三点能够让你在职业生涯初期获得非常大的成长提升。因为只有先把事情做对，才有机会接着把事情做好。

# 突破职场混沌期

初入职场的人，未来职业发展的前景很大程度上和最初几年（通常是
3 ~ 5 年）息息相关。这是至关重要的时间段，我把它们称为混沌期。

混沌期起始于第一份工作，但结束却没有明确的时间界定，因为这完
全依赖于个人的质素和对时机的掌握。混沌期最大的特征是起点和终点的
状态，即你所掌握的知识、思维、资源和人脉是否能够让你独当一面，你
需要找新工作时是否不用再依靠招聘网站，你是否在行业内已经形成了一
定的口碑，以及你是否对未来有了可执行的计划。

混沌期的长短取决于诸多因素，如你的个人能力、你的时机运气、你
所在公司的成长变化等。想要快速成长，就必须缩短自己的成长周期，但
起点和终点的状态是不会改变的。这就好像跑马拉松，我们不能改变起点
和终点的位置，但是我们可以提高自己跑步的速度，在某些关键赛道超越
对手。

想要获得职业生涯初期的快速成长，下列几个方面至关重要。

## 个人能力

个人能力永远是职场成长的撒手锏。我把个人能力分为专业能力和社交能力两大块。

专业能力：

即你现在的工作岗位所要求的技能，这个叫"硬实力"。比如前台的工作，做事麻利、不拖泥带水、随机应变、思考周到、通情达理就是专业能力；销售的工作，良好的沟通技巧，会见机行事，意志坚定，面对不同的客户有灵活的销售方法就是专业能力；策划的工作，对市场有敏锐洞察，能够快速了解陌生的行业，不用过多解释就能洞悉客户的需求，做得一手漂亮的 PPT，能够自信地站在台上演讲，这就是专业能力。

每个岗位一定都有具体的专业能力要求，这些是最基本也是最重要的修炼。作为职场新人，最初几年所有的精力都应该投入这些"硬实力"的磨炼中。因为首先，20 多岁的时候正是一个人学习力最旺盛的时机，这个时候学东西快。到了 30 岁往上走，身体机能和反应开始下降，到这个时候再想学东西就相对困难。其次，30 多岁之后人生开始进入全新的阶段，你的精力开始被家庭、社会、事业、健康等分散，很难再专注于一件事情。所以趁年轻的这几年，赶紧把自己的专业能力修炼好，未来会受益无穷。

那么如何快速修炼自己的专业能力？我的答案是选择一个"榜样人物"，持之以恒地去模仿和超越。

模仿是最快提升专业能力的方法，没有之一。

如果不知道第一次给客户打电话怎么打，去看看有经验的同事他们怎么开头和结束的；如果不知道 PPT 该怎么写，去看看公司共享盘里的方案，去学习别人的思路、结构甚至版式设计；如果不知道出去跑客户的时候要注意哪些礼节，跟在有经验的前辈身后，记下他是怎么和客户对话的；如果不知道邮件该怎么发，去看看大家的邮件都是怎么开头、怎么陈述、怎么结尾的。

当你感到迷茫的时候，找一个标杆人物去模仿，能够让你快速建立起对工作系统化的认知。这个人物必须和你的工作职责有关联，最好的人选就是直属老板，其次是比你高一二级的同部门同事。他必须具备过硬的专业实力，这个就需要你在日常工作中进行观察，同时需要他具备良好的耐心愿意教导你。如果遇到没有耐心但专业实力很强的人，你可以随身带一个小本子，把每次和他接触的机会当作一次宝贵的学习经历。把你犯过的错、说过的蠢话、对方遇到相同情形会怎么做等，都记录下来，有空的时候拿出来反复看，记在脑海里。而如果在一家公司里找不到这样一个标杆人物，你会学得非常痛苦。这样无疑拉长了你走出混沌期的时间。

社交能力：

很多新人容易忽视这一点，但这个同样很重要。现在讲究的是圈层社会，相同志趣和背景的人会在同一圈子愉快玩耍，所以个人名声显得尤为关键。在职业生涯初期，你就要有意识地开始培养自己的社交圈子，建立你自己的人际网络，多结交行业内比你资深的人士，他们有可能一开始看不上你，也不会和你分享有价值的观点信息，但是你可以让他们对你留下印象。这才是社交的目的，也是打入圈层的第一步。

这并不是说我们要像一个交际花一样每天周旋于不同的场合，和不同的人谈笑风生。你没有这么多时间，还记得吗？你要修炼你的专业能力。

我指的是你需要进行有目的的社交，你需要结交的是未来能够对你的工作发展起到帮助的人。那么他们是什么人？

HR／猎头；

同行业其他公司和你差不多等级，或者比你高一点的人；

第一种人，是你未来职业生涯中的桥梁。他们会带给你源源不断的新工作机会信息；第二种人，是你交流工作经验的好帮手。他们会带给你有用的工作技巧、知识，甚至八卦（八卦在职场中同样重要）。当然相应的，你也需要对他们倾囊相授，这样你们的交流才会对等。

那么如何接触到这些人？有两个途径：

1. 更新你的职业社交档案，保持活跃度。职业社交网络目前已经是最重要的找工作的途径之一，最近几年我从来没有在招聘网站上寻找过工作，而相反在领英／脉脉这些平台上，HR和猎头们会主动联系你。你要做的就是提高被他们发现你的概率。多参与上面的话题讨论，多参加不同公司间的群组活动，甚至你可以在上面更新自己的文章，发表对于行业的见解，哪怕你现在只是一个菜鸟。这么做都会提高你在其他人信息流上面的曝光率。提高了曝光率，也就意味着提高了你被别人发现的概率。

2. 有选择性地参加行业组织的线下研讨活动。每个行业都一定有本行业内的研讨、沙龙、聚会等活动，这些是你接触行业同僚的最佳时机。一般这些活动都有相应的组织方。就拿广告行业来说，那些知名的广告垂直网站和公司，都会不定期举办一些这样的活动，促进业内人士的互相交流。不要以为这听上去很高大上，而自己只是一个职场菜鸟不敢去。恰恰相反，去这些活动的大多数都是和你差不多级别的人。你很容易在这里找到归属感。多和他们交流，大家互相换个名片，加个微信，交流一下彼此公司的状况，你很容易发现机会点。但是不是所有的这些活动你都要参与，应该有选择性地去挑选，根据主办方的名声、活动的人数规模、活动的主题去一一甄别。主办方名气大，人数规模多，活动主题和你现在的工作息息相关，那么你可以考虑参加。记住，你是带着目的去的。

另外，在社交过程中的个人姿态也很重要。你的姿势决定了你能获得的知识。作为职场新人，保持谦卑和友善将会大大提高对方愿意与你结识交流的愿望。既然是来学习，姿态放低效率更高。摆正一个良好的姿态将会让你事半功倍，心无旁骛地快速成长。

## 机遇，或者说运气

个人能力是缩短职场混沌期的必杀武器，但是什么事都讲究天时地利人和，主观能动性固然重要，客观时机同样很重要。那么如何抓住机遇？分享一点：

你要像情报特工一样保持对行业信息的密切关注，因为机遇往往就隐藏在这些信息里。

在提高自己专业能力的同时，你同样需要看看外面更广阔的世界都在做什么。我在职业生涯初期就养成了一个习惯，经常会浏览行业内的新闻网站、前沿报道等，保持对信息的敏锐嗅觉。而这给我带来了非常多的益处。

首先，我会清晰地知道这个行业未来 3 ~ 5 年的发展方向会是怎样，这跟将来自己的职业生涯规划息息相关。当我发现自己所做的工作正处于一个夕阳行业时，我会毫不犹豫地掉转方向，不会浪费过多的时间在已经开始衰退的领域之中。

其次，我可以窥见宏观的发展和变化规律，找到新的突破点。举个例子，当"大众创业，万众创新"的口号席卷大江南北的时候，无数怀着激情和梦想的人投入到创业的浪潮之中。广告行业也不例外，从最开始的O2O，到P2P，到无人机，到VR，到直播，创投领域的热门概念一个接一个地被广告人复制到自己的工作中来，但是随着这些概念一个个从巅峰走向冷场，背后的一个道理慢慢揭示出来：互联网并不是生产工具，而是信息流通的基础设施。它并不是制造创意的灵丹妙药，而是创意发生的催化剂。既然这样，与其关注如何借由市场上的热门概念给自己披上金装，不如专注于最原始的脑力发想，然后想着如何运用技术来提升创意的表现和传播力。

最后，这些信息都可以变成你的"工作社交谈资"。配合前面说到的社交能力，这些谈资将会在短时间内迅速为你建立起"信息灵敏，四通八达"的个人品牌形象。一旦建立这样的形象，你就可以化被动为主动，将有数不清的人愿意和你结交。随之，你的个人名声就开始逐步建立起来，同时保持谦逊友好的姿态，剩下的只需要交给时间。

做到这一步了，你的机遇一定不会少。

我在混沌期也经历过很长一段时间的迷茫，也曾羡慕过那些快速成长的同龄人。但是今天回头再来看，至少我认识的那些快速成长的人，没有一个人是走了捷径的。相反他们将时间高效地分配在"正确"的事物上，专注于个人能力的提升，专注于个人网络的构建。只有这样的人才会经得起考验，机遇也只会垂青这样的人。

# 11 个职场细节帮你迅速打开局面

职场中细节决定成败。特别是对于新人而言，你只有把微小的细节做好了，公司才有可能把更重要的事情交给你。每一个在职场上能力超群、独当一面的人，最初都是从微不足道的细节着手的。下面 11 个小细节就是我在日常工作中的总结，和大家分享。

### 递名片的时候，把名片反过来

第一次见客户或者合作伙伴，递名片的时候把名字倒过来的一边给对方，方便对方阅读。这就跟我们递剪刀的时候会把把手的那一边递给对方是一样的道理。为他人的方便多考虑一步，一个小动作就能反映出你的职业素养。

### 如果只有你一个人搭乘同事的车，不要坐在后排

我刚工作不久的时候，有一次搭乘同事的车去客户那里开会。由于我平时坐出租车喜欢坐后排（觉得空间大），于是上了同事的车我也毫不犹豫地坐在后排的位置。一路上我和她聊天都相安无事，到了客户那边看到

我的老板已经早早到达在等候。他看到我从同事的车上下来，赶紧把我拉到一边，告诉我以后不能这样。我还迷惑不解，结果他的一句话让我醍醐灌顶。

他说："一般都是长辈或者领导坐后排。你坐在后排，开车的人就成你的司机了。"

当时我并没有意识到这一点，只是单纯觉得后排舒服。现在想想这样一个小细节，里面竟有这么多学问。

## 做 PPT 演示的时候尽量用白底黑字或者黑底白字

很多人在做 PPT 时喜欢用各种图案和颜色把它做得很好看。但是在演示的时候由于投影仪和现场光线的原因，太暗或太亮的颜色都会给看的人造成视觉干扰。有时候在自己公司投影的时候效果很好，但到了客户那边就可能出问题。

这样的事情在我身上发生过很多次。后来我发现一个最安全的办法，即 PPT 的模板主色调尽量用黑底白字或者白底黑字，这样投影出来的效果能适应绝大多数场合，并且很清楚。字体尽量少使用亮绿、亮红（是的，你还要考虑到红绿色盲的人）、明黄、亮紫色，这些颜色都很刺激眼睛，不够友好。尽量使用柔和一点的深灰色或黑色。

## 开完会让客户先出门

和客户开完会，不要忙着起身。等客户先走，这是基本礼貌。你如果心急火燎第一个冲出去，对方有可能觉得你早就想走，或者不想开这个会。同时，会后可能有接下来的工作细节讨论、会议纪要检查等，这些都要等和客户确认好了之后再离开。

即使有十万火急的事情要去处理，起身先和大家打个招呼，不要莽撞地拎起包就出门。

## 讨论时不要打断别人讲话

即使你脑海里的想法再牛，你对对方的言论有再多不同意的地方，也请等别人说完再讲，这是职场的基本礼仪。我们在滔滔不绝讲话的时候也不希望自己突然被打断。如果对对方的说法有异议，可以拿个小本子把他的观点一一记录下来，然后等他说完再逐条反驳。

我曾经带过一个新人，脑子特别活络，也很能讲。唯一不足就是不会等别人把话说完，她就一股脑儿全把话柄抢了去。好多次其他同事都和我说："你们组的那个 Kelly，这么爱表现自己啊。"虽然我听了这话有点为她委屈，但确实是她没有考虑周到。职场里做人和做事一样重要，什么该说，什么不该说，什么时候说，都要体察对方的处境和感受。

## 新人勤勉一点，现在吃的亏以后会变为成倍的回报

很多新人觉得自己在公司里被当作廉价劳动力而很不舒服。但这是必经之路，每个人都经历过这么一段时期。在职场里有一条不成文的规定，先让老板看到你的贡献，再和老板谈你的预期报酬。这是一个先后顺序，不可逆转。

商业世界的规则就是这样。一手交钱一手交货，起码还得让对方看到你的"货"。不要玻璃心，玻璃碎了也不可能变成金子。让自己的价值得到体现最好的方法，就是让老板直观感受到你能够帮他赚更多的钱。这种感觉越直接，越没有弯弯绕绕的越好，这叫变现价值。

作为一个新人，你做的只可能是初级工作，你基本不可能直接帮助老

板去赚钱。那么如何体现自己的价值？可以把目标降低一个维度，定成：协助公司其他同事和部门更高效地完成工作任务。这同样是在帮助公司赚钱盈利，只是没那么直接而已。

清楚了目标，你的工作内容也随之清晰。不要小看那些打杂的边角料工作，这些都是一个完整项目中的细小一环，就像一个大型精密机器里的微小零件。你要做的是尽可能让自己成为更多的零件，而不是单一的一颗小螺丝钉。

如果现在就嚷嚷着要回报，你的回报就只能是一颗螺丝钉的回报。当你的能力随着工作内容的增加而逐渐提升，你也开始能够从大局上完整地看待一个项目时，你的回报是会呈几何级增长的。

我有一个做律师的朋友，她在刚开始工作的时候，天天在办公室打杂。从记录日常的会议纪要，到接待没有来得及赶上飞机的客户，再到帮助项目组去网上找各种五花八门的文件资料，研究国内外的金融文献然后全部整理成工作文档……那时她每次来上海出差见我，都会和我谈及自己工作中这些微不足道的小事情，最后她都会做简短的总结，把她的心得一并告诉我。日积月累，正是这些最基础的工作让她迅速掌握了这个行业的工作流程和规则，熟悉了不同客户之间的业务模式和工作方法，再加上她本身就是一个很勤勉的人，在短短6年后就成了该律师事务所最年轻的合伙人。

所以适当把眼光放长远一点，把当下受的苦看淡一点。我就会把常常跑腿的活儿当作锻炼身体减肥，保持一个乐观的心态会让我们顺利地渡过难关，迎来自己飞速的成长。

### 工作文件不要一团乱麻地堆在电脑桌面上

平时将完成的工作文件丢到电脑桌面上只是图一时方便，但日后想要重新找起来却十分麻烦。假如有一天你的老板找你要一份紧急文件，你面对满屏幕杂乱无章的图标找寻半天都找不到，很可能就此在老板心中落下一个"办事不力"的印象。

最好把文件按照不同属性进行归类，如客户资料、供应商信息、项目进程、预算报表等，同时按照时间来排序，并且整理到专门的文件夹中。养成这样的习惯，一旦日后你的工作内容多了，将会非常有用。

### 过去的工作文件不要随便删除

已完成的工作文件别轻易删除，因为你永远不知道它们在以后哪天突然会被用上。我以前就会这样，经常做完一个项目，就把项目文件胡乱丢在电脑桌面上。时间久了不想花时间整理，就把文件删除，以为日后再也用不到。没想到隔了几个月后另一个项目需要一份图表，才想起来之前这个项目文件里恰好用过，可惜已被我删除了。为了避免这样的情况发生，在一开始就花些时间做好整理和归纳，养成这样的习惯以后受益无穷。

### 电梯里不要说工作的事情

隔墙有耳的事在职场里屡见不鲜。我不止一次在电梯里听到有人说自己公司的八卦、项目进展甚至商业机密。写字楼里每天熙熙攘攘，说不定哪天跟你同乘一部电梯的就是你未曾见过的大老板，是竞争对手公司的人，或者客户。曾经听过最严重的一个事故是某人早上上班的时候在电梯里和同事讲客户的"政治八卦"，恰好被前来开会的客户大老板听到，后来直接在会议上被点名出来，差点因此丢了下半年的重要业务。

### 做一个守时的人

假如你和对方约好了时间见面，提前 5 ~ 10 分钟到。到了之后告知对方已经到达，然后耐心等候。如果是第一次见面，这么做一定会给别人留下良好的印象。尽量不要迟到，如果预期晚到，至少提前一个小时通知对方。自己到了不要催促对方，不要给对方压力。

如果你手上的工作是自己可控的（我说的可控是指工作过程中并不涉及其他人或部门，完全由你自己掌控），那么答应人家 3 点完成，就不要拖到 5 点。这是基本的时间管理。在开展工作之前你要对它的体量和进度有一个预估，不要跟对方说"我也不知道要花多久才能完成"，这是不负责任。

### 工作文件中修改过的地方要主动标注出来

给到对方的修改文件，把修改过的地方用红色标注出来，并且附上原文内容，以方便对方查阅和比对。

很多时候修改的人只图自己方便，改过的地方和原来差别不大，也不标注。收到的人往往要自己重新翻阅原来的文件去比对。如果你们之间是同级同事，最多让对方觉得你不为他人考虑，如果对方是你的老板，很可能对你的工作能力评估就要大打折扣。

尤其是 Word 和 PPT 文件，修改过的地方一定要在原文件上或者在 E-mail 里指出。具体第几页、第几排，哪些文字做了修改，都要标注出来。"让别人的工作更加方便，而不是给别人制造麻烦"，做到这一点会让你在职场里迅速打开局面。

# 3 招教你快速破除工作迷茫

任何一份工作从刚开始接手，到后面熟练上手，通常一般可分为两个阶段。第一个阶段，是由表象看到全局的阶段，可称作"雾里看花"；第二个阶段，是由全局到本质的阶段，可称作"管中窥豹"。

当我们处于第一个阶段，也就是由表象到全局的时候，是最容易出现迷茫、困惑的。那时的我们就像无头苍蝇一样，站在命运的十字路口不知道路在何方，看到自己的同学、前辈找到了属于自己的轨道时心里着急万分。这个时候，对于未知领域的畏惧和焦急会让我们产生诸多的不确定，而这种不确定又会触发我们内心深处的不安全感。这样的情况对于每个刚刚毕业进入工作领域的职场新人来说都是不可避免的。从大学跳跃到社会，两个体系和规则截然不同的世界，很容易让人的心里产生认知断层，表现到日常工作中就是对自己手上的工作没有全局透彻的了解，容易被表面现象所迷惑，看不到自己这份工作的基础和未来的意义究竟在哪里，当然也不知道这究竟是不是自己喜欢做的事情。

我刚毕业的时候也出现过这样的情况，但是后来我顺利地走出了这段迷茫期，并且找到了自己热爱的工作和事业。下面是我的一些心得。

## 找到工作技巧的标准标杆，开始模仿

之前的文章提到找到标杆人物进行模仿能够快速修炼自己的专业能力，让自己迅速成长，同样的，工作技巧也可以进行模仿。

我的第一份工作是在一家咨询公司做研究分析。坦白来说，这真是一份枯燥无味的工作。我每天的工作就是在网上收集客户行业的资料，并把它们整理成PPT。那时我的PPT做得奇丑无比，每次给老板看，她都会抱怨我做的东西丑得跟车祸现场一样，让人失去阅读兴趣。

后来我就在网上开始寻找知名咨询公司做的方案、研究报告，如麦肯锡、罗兰贝格、安永等，我把这些报告全部下载下来，研究人家的逻辑结构、排版和配色。我发现每一家公司都有自己一套独特的版式风格，比如安永的标题永远都是亮黄色（那是他们公司的代表色），麦肯锡喜欢用逻辑树来表现事物的因果关系，而罗兰贝格则是规规矩矩的上段文字下段图表的排版格式，我于是开始学着模仿这些公司的排版和写作手法，有的时候甚至照搬。

久而久之我慢慢领悟到一些之前没有开过窍的问题，比如PPT每一页的标题一定要加大加粗加亮，因为没有时间阅读的人第一眼看的就是标题；比如当出现大段文字说明的时候需要分段，需要罗列关键字标题，这样才能方便看的人摘阅；再比如颜色搭配，哪些颜色放在一起显得严谨，哪些颜色放在一起代表创新，哪些颜色配在一起给人活泼奔放的感觉；等等。

这些都是我从模仿甚至可以说是"抄袭"专业人士的PPT开始，然后再经过思考和消化发展出的属于自己的一套方法。

对于职场新人来说，模仿是一条捷径，它让你从不熟悉，到逐渐熟练

49

掌握。当我们遇到一个从没做过的新工作时，不妨尝试先找到别人做得好的现成品进行学习和模仿，然后在这个过程中慢慢摸索和调整，最终找到适合自己的方法。

### 有意识地开始培养自己的信息采集能力，学会"拼图"

这里锻炼的是信息收集和规整的能力。

在职场中，我们每天都会遇到形形色色的"规则"。有人事的、项目的、部门的、公司的、行业的规则等。对这些"规则"的不了解，造成了我们的迷茫。我们从一个职场小白晋升成职场达人的过程，就是不断去了解这些规则的过程。就好像我们平时打游戏一样，你需要不断地在黑暗的地图上探索，收集信息，待到你把摆在你眼前的地图全部探索完毕时，你才会晋升到下一个更高级的地图之中。

职场也像打怪升级一样，是一个不断探索发现的过程。在我还是一个菜鸟的时候，我会主动去看一些行业的新闻、报道甚至是八卦，久而久之我了解到在广告这个领域有哪些有名的公司、哪些有名的人、哪些有名的案例，包括在以后工作了几年会有猎头主动找到我，我也很乐意和他们保持一个良好的互动关系，通过他们知道一些行业内的关键信息。这些就是我不断采集和整理信息的过程。

很早的时候我就开始整理自己的工作资料。我在电脑里会把平时的项目分门别类规划好。我的分类目录中把每一个项目都单独列一个文件夹，然后每一个文件夹里再根据项目、时间、类别的不同设置子文件夹。同时，在我的电脑收藏夹里，也会把平时工作相关的网站资源整理好。

这就好像我当年做第一份工作时收集客户资料一样，我开始收集和"我自己"相关的信息资料，它们帮助我更好地了解这个行业的"规则"。

正是有了长时间的积累，我渐渐发现当初的困惑已豁然开朗。当我自己知道得越多，越会觉得踏实。所以，有意识开始培养自己收集信息的能力，完善自己对于工作和行业的了解，能够让你更快地走出职场初期的迷茫。

## 如果不知道自己喜欢做什么，先做自己不喜欢的事

做一件不喜欢的事情，其实没有想象的那么糟。

我有一个好朋友 M，他的第一份工作，是每天被淹没在数字、分析、报表之中，尽管枯燥乏味，却让他"被动"地培养了一套逻辑思考的良好方法。M 并不喜欢这份工作，但是每次他出去和客户开会、和视频拍摄的导演开会的时候，听着他们天马行空的剧本和想法，看到别人做的酷炫至极的视频微电影，他觉得那才是他应该去做的事情。后来他跳槽到了一家全新的影视制作公司，通过自己的努力学习，加上之前培养的良好的逻辑思维（电影剧本是很考验逻辑的工作）和工作规划能力，现在已经是圈内小有名气的微电影导演了。

很少有人在一开始工作的时候就知道自己喜欢做什么、擅长做什么。遇到一件你喜欢做的事情有点儿像摸彩票，概率极小，我们更多时候遇到的多半是自己并不那么喜欢，觉得还凑合的事情。当我们碰到自己不那么喜欢的一份工作时，你只有做得越深、越精细、越专业，才会真正发现自己不适合；当你能够有清晰的论据来解释为什么自己不适合这份工作时，你才会慢慢发现自己喜欢和擅长的事情。

比如像我，我最初的工作有时候需要用一天的时间去整理一份数据报告，但是我对数据一点儿都不敏感，一个数字的差错导致整个报告都要推翻重来的事儿我干过不少。后来我发现我就是做不来这种工作，因为我的性格就不适合做精细的分析，我更天马行空，更加感性。通过这一件让我

"自己并不擅长"的事情，我对自我有了更深刻的了解。

所以，当你遇到一件自己并不那么喜欢的工作时，先想办法把这个事情做好，去模仿，去收集信息，去好好体验，等到完全经历过一遍之后，无论你是不是真的不喜欢，你都对自己有了一个更全面深刻的认知，这才是最有价值的地方。

# 锋芒必须磨砺，骄傲需要实力

我曾经带过两个实习生，她们同一时间进到公司，一个名校毕业，成绩优异，曾任学生会副会长，叫小杨；另一个普通本科毕业，做事细心沉稳，叫小林。小杨脑袋聪明，风风火火，喜欢出风头。

有一次做一个项目，我让组员一起分工处理，她跳出来说自己一个人能搞定，让大家配合她。会议现场她就这么直接说出来，弄得我都有点尴尬，但架不住她的一腔热情，我也想看看她的潜力如何，就答应了。可结果工作汇报的时候这个项目做得一塌糊涂，出现多处逻辑错误，解释不明，数据也不准确。并且那天我们亚太区的老板到公司视察，恰好看到我们在开会就过来旁听，当场就指出这些问题。小杨现场脸涨得通红，我赶紧帮她打圆场。

后来我重新给组员分配工作，让小林去负责数据收集整理和分析。我发现，别看小林平时闷声不响，但做事很细心。每一个数据她都会去考证来源，并且标注在 PPT 里，以便我有疑问时可以随时查阅；对于我列举出的问题，她都会从两三个不同的角度去回答和说明，虽然有的角度并不准确，但是至少让我看到她是思考过的。这些都是平时在工作中我不经意间和组员说明过的要点，小林全记住了。

后来我慢慢发现，小杨和小林的性格，可以代表很大一部分职场新人。一种人，敢想，敢说，敢做，比起很多 70、80 后而言，他们天马行空的创意和不受拘束的想法确实能够打破常规，帮助大家发现新的机会。另一种人，沉静，稳当，就像《欢乐颂》里的关关一样，做事循规蹈矩。这两类人的共存很好地维持了一个公司的正常运转。

这两种人代表了大部分职场新人的状态，在我看来，其实这两种人各有优势和不足。但是对于新人而言，第二种人的特质能很好地帮助他在职业生涯初期获得稳步的成长。

虽然"稳步"这个词在当下的社会里被很多人当作"停滞不前"的近义词，人们更喜欢颂扬年纪轻轻就飞黄腾达的奇才，但如果我们把时间线再拉长一点，观察一个人三五年甚至 10 年的职业成长，你会发现，最后依然保持成功的都是那些一开始就稳扎稳打的人。

马云从创立中国黄页到阿里巴巴经历了 3 年的默默无名期，爱彼迎刚成立的时候被投资人接连扫地出门，然而过了两年之后它的估值横扫当时市场上所有投资人嘴里所谓的"明星公司"。他们没有走一步登天的道路，而是在初期外界都不看好的情形下稳扎稳打：马云当年一个人背着背包到处上门推销自己的产品，爱彼迎的创始人在纽约街头挨家挨户敲门，邀请房东入驻。他们在学校都不是天才，也并没有做过了不起的事情，但他们的故事对于职场新人而言更有借鉴意义：他们懂得磨砺自己。

在职业生涯初期，不断地用微不足道的小事来磨砺自己的耐心，磨砺自己的能力，磨砺自己的性格，以后遇到大事才能胸有成竹、淡定自若。没有人生下来就全知全能，中国人说"千里之行，始于足下"，只有一步一步踏实地走下去，巩固了自己百分之两百的能力，才能经得起百分之百的考验。

我们颂扬乔布斯改变了世界，然而大多数人不知道在创立传奇之前他也曾被公司扫地出门过，经历过创业低潮期。可正是这一系列经历让他重新正视新的市场，逐步反思，最后重整旗鼓，带来了苹果"辉煌的十年"。

乔布斯是不是天才，他的锋芒够不够亮眼？毫无疑问。但他却说：我是我所知道的唯一一个在一年中失去 2.5 亿美元的人，这对我后面的成长很有帮助。

厚积薄发，必须得先有积累再有爆发。无论是天赋异禀还是平凡普通，都要先磨炼自己，适应世界的规则。如何去做？以下三点或许对你能有帮助。

### 先把布置给你的手头工作做好

倘若上级给你的工作是写一份研究报告，那么问清楚报告的目的，把所有涉及的数据再三考核确认，资料信息来源标明清楚，格式排版工整；倘若安排你接待客户，弄清楚客户的行程安排、个人喜好、生活习惯，甚至连客户老家是哪里的都去弄清楚；倘若让你去联络沟通外部客户，问清楚客户的背景资料，和公司的业务往来，习惯的沟通语言和方式是什么等。这些都是工作中的小事，也是证明自己能够胜任工作最直接的途径。

在初期，职场晋升都是"小步快跑"，而不是"大步跳跃"。一步一个脚印才能将小事慢慢做成大事。

### 任何一项工作，在你没有看清楚它的全貌之前都不要妄下断论

手上这份工作在整个项目、整个部门、整个公司的意义是什么？如果

做得不够好会造成什么影响？涉及的相关部门和人员都有谁？完成这项工作需要什么资源配合？整体时间规划是怎样的？再小的工作，都需要方方面面考虑周全，预见到它的全貌，就算是小到让你每天把茶水间收拾整齐这样一个"工作"，都不要觉得"屈才""低就"。

我朋友公司有个老板，没事就喜欢在茶水间钉着，看谁拿了东西不会放回原位，看谁开了冰箱不关门，看谁倒水的时候洒得到处都是，最后在年终评估工作表现上专门列一条叫"办公室行为礼仪"，不合格的人年终奖统统减少。这个是小题大做吗？恰恰不是，在这么一个简单的"茶水间行为"背后，反映的是一个人的性格和做事的态度，放在工作上有时候就是不得了的事情。职场里这种"小处见真章"的例子数不胜数。轻视它，未来可能就会让你吃大亏。

## 谦虚不是示弱，是为了以后更强

不懂的事情虚心请教。就算看不起这个人只会拍马屁，那个人学历没你高，另外一个人英语没自己好，但别人能在这个位置上就一定有他的道理。与其瞧不起别人，不如花时间去研究一下为什么别人能做到这个位置，如果换成自己能不能做到。把聪明和勤奋用在琢磨分析上，用在适应规则上，用在反思和学习新事物上，而不是用在出风头上，用在邀功论赏上。

我以前带过一个实习生，三本学校毕业，论聪明程度，在我带过的人里面算倒数的，很多事情我要和他说两三遍他才明白。但是每次开会他都认真记笔记，结束以后会逐条过来和我确认自己的工作任务以及方法，然后征询我的意见，而不是像有些人一副"我都懂了"的样子，想都不想、问都不问就开始去做。虽然他脑子比不上其他人活络，但是他自己培养出一套做事的方法，我教给他的都是要点，他自己会把这些要点连成一条线。在做了半年实习生之后，他已经总结出一套非常灵活的工作方法，丝毫不比名校毕业的学生差。如今他已经在一家知名的互联网上市公司担任产品总监的职位，我觉得这是上天对努力者的最好的回馈。

重视小事，谨言慎行，谦虚如愚。做到这三点，不久以后你一定能有让自己骄傲的实力。

# 你所羡慕的处变不惊，只是别人眼里的风平浪静

这一章节的最后一篇文章，和大家分享一下我的一些小故事，准确来说，是我身边人的故事。故事的契机是曾在知乎上收到的一个提问：

生活里那些遇事处变不惊、临危不乱的高人，他们是怎么做到的？

看到这个问题，我马上想到了 Liya，她是我非常敬佩的一个人。Liya 在香港生活了 30 年，然后只身一人来到上海。第一次见到她，她是我的上司。那时我还是个初出茅庐的混小子。她最让我敬佩的地方在于，无论遇到什么事情都能临危不乱、处变不惊。

举个例子：

重要客户的一场重要项目竞标，方案做到提案前一天还零零散散。各部门应该填写的内容要么残缺不齐，要么质量堪忧。我们组负责协调整个项目的进程，把控方案质量。那时 Liya 去巴厘岛度假，临走前交代好各项事宜让我继续跟进这个项目。

我急得像热锅上的蚂蚁，觉得自己能力有限，辜负了她的期望。她倒好，提案前一天才风尘仆仆地回到办公室，还不忘给每个同事带一个小

礼物。

我急吼吼地去找她："出大事了，Liya 姐，这方案现在还没弄好，技术部那边的资料还没整理齐，创意部的画面也有问题，这可怎么办？"

Liya 抬头看了我一眼，淡定地说道："慌什么，又不是天塌下来了。"

她慢悠悠地去倒了一杯咖啡，啜了一口，坐下来继续说道："把现在最新版的方案发我一份，另外去发一份会议通知，召集项目组相关的重要同事，一个小时以后快速开个小会。"然后她花了半个小时看完方案，听我讲完各部门的进展，快速收起电脑，径直走进会议室。

接着她又花了半个小时，把各部门当天要提交的东西，什么需要做、什么不需要做，清清楚楚地写在会议室的小黑板上，并定下提交的时间。有几个创意部的同事想偷懒，少做几张图，被她微笑着拒绝了："我听说最近你们组客户事情不是很多，今天中午还看到你们老大跑去隔壁健身房。一起把这个案子拿下，老板那边少不了你们的功劳。"

本来一团乱麻的项目，就被她这么云淡风轻地安排妥当。第二天她自信满满地带着团队去提案，顺利拿下项目。

还有一次，我和她去南京出差。

从高铁出来直奔酒店，check-in（登记入住）的时候才发现我的电脑忘记装包里，落在火车上了。

我又急了。那里面除了这次和客户开会的重要资料，还有以往所有项目的备份，比我命还珍贵。我一副如临大敌、闯了大祸的样子去找 Liya，向她求助。

她却不慌不忙地问我："你还记得电脑放哪儿的吗？"

"好像是在座位旁边的地板上，靠窗的那边。路上看完资料顺手放的，没想到出来的时候忘记拿了。"我憋足劲儿回忆每一个细节。

"车厢座位号还记得不？" Liya 迅速拎起自己的包。

"车票还在。"我从口袋里掏出两张准备回公司报销的火车票。

"走，去拦车。"她抄起电话，拨打酒店前台。

"喂，您好，请问一下南京火车站的服务台电话是多少？我的一位同事把电脑落在火车上了。"此刻我们已经在酒店门口叫车。

"喂，您好，我的一位同事刚才把电脑落在火车上了。我们坐的是今天下午 3 点 50 分到南京的 G7079 次列车 8 号车厢 7 排 AB 两座，请问有工作人员发现吗？是一台黑色的联想笔记本电脑。"坐在出租车上，电话那头的回答对我而言不亚于表白后的焦急等待。

挂了电话，Liya 说，工作人员已经安排人去找了。

"Liya 姐，你说电脑会不会找到呀？"

"找不到你就准备回公司把所有资料重新做一遍啰。"这个时候了她还不忘调侃我一把。

结果等我们赶到火车站，工作人员告诉我们一位清洁工在打扫卫生的时候发现了这台电脑，拾金不昧交给了服务台。

谢天谢地！

从那以后我就特别佩服 Liya。在跟随她一起工作的那段时间里，从来没有看见她因为什么事情急得团团转，永远一副成竹在胸、尽在掌握的姿态，真帅。

后来她因为家里原因，要搬回香港。临走前，和我吃了最后一顿饭。

饭间，我终于忍不住问了一直以来都想问的问题：

"Liya 姐，每次你遇事都能不慌不忙，淡定自如地去处理，究竟是怎样做到的？我就怎么样都不行。"

她哈哈大笑："你以为这是天生的啊？这都是经验和失败教训的总结，比这些更糟的事情我都经历过。我 20 岁就出来工作了，那时比你还嫩，一路摸爬滚打过来大风大浪的没少见。"

"你还记得当时那个 A 客户的重要项目比稿吗？提案前一天方案都没做好，你怎么那么淡定？难道不怕最后方案做不好客户那边会丢丑吗？"我不依不饶。

"比这更糟的情况我都遇过。我以前在去客户公司提案的路上还在出租车上改方案，临开会前 10 分钟还在客户会议室里调整 PPT 的字体。比起这个，提前一天已经算很好了。"

后来她给我讲她在香港工作和生活的故事：讲她大学中途退学出来找工作如何受尽白眼，讲她那个不负责任的男朋友劈腿 N 次最后和别人有了孩子甩她而去，讲她第一次做广告去客户那边提案结果带错文件，讲她去泰国旅游结果在山里迷路差点儿没有赶上回国的航班……种种惊心动魄的经历，有几次成功化险为夷，有几次直接当场出丑，有几次崩溃大哭，只是最后都挺了过来。

"你觉得我不管什么事都能风平浪静地去面对，那是因为过去我经历过比这更糟的事情。那样都能挺过来，眼前的这些根本就不算什么。"说完，她抿了一口酒。

"就像上次你跟我去南京开会，你电脑丢了。换作以前，我也会跟你一样急得要命，但是这种事你越急越没用。当时我们从下火车到酒店才半个多小时。这个时间通常是列车清洁人员打扫车厢的时间，不会有新的乘客上来，很大可能你的电脑还留在原来的地方。所以我拉上你奔向火车站，并且给火车站工作人员打电话，让他们帮忙留意一下。如果时间再拖久一点，等车厢打扫完毕，重新上来人了，那你的电脑十有八九是找不回来了。这种情况下，抢时间才是关键。"

没想到这么短时间里，她这一连串动作背后有着这么缜密的思考。

"即使是最后电脑找不回来了，最多扣你半个月工资买一台新的，另外里面的资料重新做一遍，我估计也就一个星期，犯不着要死要活的，哈哈哈！"

后来 Liya 回了香港，我们也没有再见过面，但那天晚上她跟我说的这些话我一直记着。直到后来自己也慢慢成熟成长，经历了各种大大小小的事情，才体会到她所说的经历过更糟的事情是一种怎样的体验。

讲完了 Liya 的故事，再回到开头的那个问题：

生活里那些遇事处变不惊、临危不乱的高人他们是怎么做到的？

我的答案是，他们并没有什么特殊的技巧，反而是有特别的经历、更加丰富的人生体验。当我们以为他们所面对的情况足够糟时，殊不知过去他们遇过比这更糟糕的事情、更艰苦的挑战。而只有经历过才知道其中滋味，才知道当时没有处理好的原因，才知道下一次遇到类似的事情应该怎么做。也只有在那个时候，他们更能明白唯一能依靠的只有自己。靠自己的判断、自己的智慧、自己的观察、自己的分析，而不是让情绪带着走，因为过去失败的经验告诉他们，情绪在这个时候往往没用。

很多同事说我去客户那边提案的时候总是说得很流畅，一点儿都不紧张。他们不知道，每次提案之前我都会在家练习上十来遍，方案的每一页我都会做演讲笔记。他们更不知道，大学的时候我第一次在 500 多人面前做演讲，出了好多丑，从那以后每次演讲之前我都会做大量排练。

连最坏的情况都经历过了，你还有什么可惧怕的？如果没有经历过，就放开了让自己大败一场，然后牢牢记住。久而久之，经历多了，自然淡定自如。

就好像每次我心急火燎地去找 Liya 姐求助，以为大事不妙的时候，她都会淡淡地来一句："慌什么，天塌下来了吗？"

没有。

# 第三章

## 关于职场软实力的硬道理

老板的思路，再千变万化最终都会落实到收益和成本上，这是商业的核心。

# 工资可以大胆去谈

初入职场，了解了基本规则之后，这一章主要和你分享如何提高在职场上的软实力。首先从大家最关心的薪酬开始谈起。

众所周知，商业的本质就是等价交换。过去农耕时代人们以物易物，五块贝壳换一只老母鸡，两石大米换一头水牛。后来人们觉得太麻烦，于是发明了货币来代表价值，但是"等价交换"的本质并没有改变。正是这条铁律，支撑着现代商业社会不断地向前发展。

所有价值都要变现，最终都将转化成钱。

认清楚这一点，再去看薪酬问题就会非常通透。

想辞职了，老板挽留你，说你在这个岗位的个人价值还可以得到更大的发挥，公司可以给你更好的平台带更多的客户。这句话实际上的意思是，我觉得你还可以帮公司赚更多的钱。

想跳槽了，猎头不断跟你游说新公司多么好、福利多么棒，每年一次海外旅游，年底都有红包奖金，这些都能换算成公司一年给了你多少钱。

再面试了，老板看着你简历上洋洋洒洒一堆光辉的经历，听完你滔滔不绝的一顿自我表彰以后，揪着其中一段工作经历问道："当时你负责做这个活动帮客户提升了多少销量？"这个问题背后他盘算的是，招你进来以后我能多收客户多少钱。

组建和带领团队，探索和开发新产品，开拓新客户，洽谈销售渠道，组织市场调研……这些独立拆开的工作技能，在老板眼里都将被整合成一条完整的商业生产线，经过计算之后得出的结论是，你能帮企业创造多少利润。这全都是钱。

我的一个朋友，自己当老板。他跟我说最近面试了一个技术总管，很想把他挖过来。我问为什么？朋友说，你知道吗？他之前在 A 公司担任技术总监，一个人带 6 个人的团队，负责 3 个客户，过去一年他们组做的项目营业额占 A 公司一年的 30%，我这次不但要把他挖过来，连他下面的人我也准备一起挖。

老板的思路，再千变万化最终都会落实到收益和成本上，这是商业的核心。既然这样，为什么不大胆去谈钱？

很多猎头找我，两三句开场白之后我都会问，这个职位的薪资范畴是多少？在猎头看来也许这个是犯了面试的大忌，但我不这么认为。我认为这恰好反映了对方对这个职位价值和重要程度的认知。

在一线城市，一个职位的薪酬水平都有行业规范标准，二、三线城市会有降低，但是基本上都会按照一个比例来换算。在老板心里，每个职位都有一个"估值"，我们要做的是通过自己的工作表现来提高他对我们的"估值"。

所以下次去跟老板提涨工资，用不着扭扭捏捏。老板心里明镜一样清楚，你只用将自己过去在这个职位上做出的成绩一条条列出来，找一个风和日丽的早晨，走进他的办公室，开门见山。如果你对自己加薪的筹码足够自信，这一点儿也不难。

而当一个老板上来就跟你谈情怀，那么基本上他就没把你的价值当一回事。一个真正关怀员工的老板，他知道你在公司做了哪些事情，知道你的功劳有哪些，知道你的优点和缺点，知道你未来对公司的发展有哪些具体的意义。他不会跟你打马虎眼，你说东，他指西，你说涨工资他说给你新平台。他只会信誓旦旦告诉你再忍忍，守得云开见月明；但实际上基本是跑火车，柳暗花明又一坑。

比如我的另一个朋友曾经面试过一个奇葩的公司。到最后，他提了一个行业内很合理的薪资价格。结果老板跟他洗了两个小时脑。从公司光速一般的成长速度，到接下来会有哪些"巨型"客户进来，再到最后改变行业规范的雄心，费尽心力营造出一个梦幻般的工作岗位，但就是不想答应我朋友的薪资要求。到最后，这个老板被逼急了问我朋友："你要那么多钱干吗啦？"这实在是让人哭笑不得。

好的老板会跟你就事论事，如果他觉得你的价值还未达到更高的薪资标准，会诚实地告诉你，并且告诉你原因以及你应该怎么做。这种老板就算最后不给我加薪，我也会觉得有道理，也会照样跟着他干。可现实中这种老板太少了。他们更擅长用成功学，用传销法，用夸张的肢体语言，画大饼麻痹你，告诉你你对公司多么重要。等到你过一阵幡然醒悟的时候，再换一个套路继续麻痹你。所谓温水煮青蛙，不过如此。

首先明晰自己能产生的价值，然后大方地和对方谈"等价交换"，这才是商业。

我身边有不少朋友，工作能力强，为人善良随和，就是不好意思谈钱。很多时候周围的人找他们帮忙，他们不好意思说"不"，尽全力帮忙后更不好意思提"报酬"，我听了都不禁替他们惋惜和不值。

"帮我设计个 LOGO 吧，你看我们都是认识这么久的老朋友了，你便宜点儿。"最后，给了 200 块。

"帮我写个文案吧，就几句话的事儿，占用不了你多长时间。"最后，连一顿饭都没请。

"帮我开发个小程序吧，很简单的。"到头来，折腾了一个多月，分文未给。

造成这种结局的原因，很大程度上是因为对方根本不知道你的工作所能产生的价值，换句话说就是，对方没有用钱来作为衡量你工作能力的标准，而是用那些不靠谱的"关系"和"友情"来代替。

一旦你的工作能力不能量化，就会产生很多问题。比如翻来覆去地修改，碍于情面地多做活儿，最后扯下脸来的争吵。

亲兄弟都要明算账。"一分钱，一分货"才是最大的良心。

比起那种"我不在乎钱给多少，更看重公司未来给我带来发展的平台"这种冠冕堂皇的话，"我努力工作的原因就是赚更多的钱过更好的生活"更加来得坦诚和真实。这才是支撑着你度过无数个辛勤加班夜晚的理由，这才是鼓舞着你不断提升自身价值向上奋斗的原动力。

再大的平台，再多的资源，再好的客户，这些都需要变现，最后落实到你身上，都会变成"我怎么利用这些去赚更多的钱"。

再崇高的理想，再宏大的抱负，再美好的憧憬，实现它们都需要用钱。当我们坐在 90 层高的旋转餐厅里，透过手中的红酒杯望着远方的落日徐徐落下时，都是钱在背后支撑着这些享受。

对于老板而言，你越装作"我不在乎钱"，他心里反而越会觉得有鬼；你越表现得无欲无求，他越觉得你有问题。人都有欲望，都会逐利。我如果是老板，我却不知道下面的人有什么欲望，我会坐立不安，觉得掌控不了。反过来，下属越把自己的欲望表现得明显，老板越会觉得安心。因为能用钱解决的问题，都不是问题。所以大胆地去谈钱吧，把你的欲望一丝不挂地摊在桌面上。既然大家都心知肚明，就没必要讳莫如深。

# 愿意骂你的老板才是真爱

曾经有一位读者问我，怎样和一个严苛的老板相处？她说，她的老板很凶，今天因为一张 PPT 出错就把她劈头盖脸一顿臭骂，一个办公室的人都听得到，平时也是各种受"摧残"。她刚毕业什么都不会，觉得自己快撑不下去了。她说自己从小到大从来没有被这么骂过，晚上流着眼泪给我发私信，好绝望好想死。

是的，我能想象她每天把奇丑无比的 PPT 交给老板时被骂着退回来的样子，我很想安慰她。但是在这之前，我更想告诉她的是：收好教训回去把 PPT 一页一页重新做。

该对齐的地方对齐，该删的废话删掉，算错的数字再验算一遍，等到能够拍着胸脯说，发出去的东西一点儿问题都没有的时候，再去跟老板据理力争。

当在职场上遇到一个事事对你要求严格，每天都会不停"骂"你的老板的时候，我一定会好好珍惜。

职场如战场，在你从一个"菜鸟"慢慢变成熟手，再变成"大牛"的漫长岁月里，遇到的挫折远比你现在只是"被老板骂"要多得多，也要惨得多。你可能以后会遇到被客户坑，被队友坑，被老板坑，被内部团队坑。然后你可能会去争执，会莫名其妙卷入战斗，会背黑锅、甩黑锅，会孤立无援、一蹶不振、负能量爆增，觉得全世界跟你对着干。那个时候唯一能支撑你挺过去的是一颗强大的内心。而"被老板骂"，就是新人们锻炼自己强大内心的最好方法。

当我们从学校毕业，走上社会即将面临的是一场战斗，是为了梦想不惜全力以赴地榨干自己。因为我们大多数人都不能拼爹，如果想要过上自己理想的生活就得拼命。无论理想是别墅香车，是山间林堂，还是赚钱移民，这都不重要。重要的是我们要为此付出代价，这个代价是自己的时间，陪伴家人的时间，是你的精力、健康、尊严、初心……当有了这个心理准备，你会发现你所遇到的不公平、挫折、误解、麻烦，都是磨炼你强大内心的必经之路。

"那些杀不死我的东西，终将使我更加坚强。"只有当你足够强大的时候，你才有资格去追求自己的理想。

想清楚了这一点，再去看这个问题。为什么喜欢骂你的老板，你还要珍惜？

因为他骂你不是为了你好，他是为了自己啊。他骂你是给你长记性，以后不要再麻烦他亲自做一遍。然而等他真的不用自己操心去做，而是放心交给你的时候，你是不是就成长为他了？

我刚毕业的时候在一家品牌咨询公司工作，我的老板是个女生，但是没想到她比男的还凶。我和她的日常对话通常都是下面这样：

"老板，资料找好发你邮箱了。"

"你这做的什么东西？我要你把资料的来源分门别类标注清楚，不要放在一页。你全部给我整在一起我怎么看？做的时候有没有长脑子？你是猪吗？这玩意儿你自己看得明白吗？"

"老板，PPT 您看看吧，我按您的要求改好了。"

"我刚才怎么跟你说的？你这个东西我根本连三秒钟都不想看。你排版怎么排的？你有学过什么是美感吗？"

"老板……"

"完全不行。连实习生做的都比你好，完全没用脑子。你大学都学的什么玩意儿？你这东西我闭着眼睛随便都能写，毫无逻辑，毫无洞察，全部重做！"

那时候我也好想死，每天在办公室里被各种骂。而且我老板的声音特别响亮，全办公室就我一个男生，这够丢脸了吧，我当时简直恨得牙痒痒。但是那时候我怎么想的呢？我要快点成长啊，只有把这些毛病全部改过来，下次把工作做得漂漂亮亮，再给老板看，这样才能得到认可啊！于是我听从她的建议去网上找各种 PPT 模板，去书店买训练逻辑思维的书，去找广告公司的朋友要各种酷炫的方案做参考，去看各种营销学的理论文章然后记下要点……就这么发愤图强大半年，终于做的方案一次就通过了。之前被各种摧残、加班加到胆囊炎发作我都没哭，但当老板第一次跟我说"干得漂亮"的时候，我却好想哭。

直到现在我都很感谢她。我从小到大被父母宠着老师捧着，从没挨过大骂。但那一年在骂声中我学到的东西比我在后面四五年里学到的都要多。现在看到身边比我工作经验还久的人，依然也会犯我当初犯的错误，我常常在想，如果当时遇到的不是这个老板，而是一个对我不闻不问，做错事情跟我说"没事儿，别记在心上"，或者丢给我一套资料说"自己琢磨一下，有不懂的再问我"的老板，我会不会在这么短的时间里学到这么多。这么温柔地对我，我肯定不会意识到自己的不足，也不会去反思如何改进，依然像个井底之蛙一样觉得自己做得足够好了。

"足够好了"，这四个字简直就是阻止你进步的最大元凶。

电影《爆裂鼓手》里弗莱彻对安德鲁近乎疯狂的压榨和训练，把他体内最大的潜能激发出来；日剧《Legal High》中古美门对黛真知子日复一日的谩骂和指责，把她从一个天真无知的少女变成认清事实的强大律师。还有很多我们耳熟能详的"严师出高徒"的例子，都证明了一个愿意孜孜不倦骂你的老板，绝对不是一个坏老板。他的话也许难听，但是越难听你就越记得清楚，越难听你就越会当回事。假设老板跟你说："小王啊，这个报价数字写错了，下次注意点儿啊。"大多数人肯定回去睡个觉第二天就忘了。可假如他跟你说："你知不知道你这里价格写错了？你发给我之前有好好检查过吗？怎么光长肉不长脑子？我要是发给客户公司就直接损失200万，这钱你赔得起吗！？"是我的话一听就直接吓尿了，然后赶紧回去改，顺便还把其他的数字都重新验算一遍。

站在老板的角度思考，愿意用心去"骂"你，实际上就是在向你传授他的工作标准和要求，而这恰恰是新人需要锻炼和努力达到的目标。但这并不意味着骂什么话都要接受。抛去那些情绪化的语句，能够从骂人的话中摘录出完成工作的指示或方法，才是挖到了真正的金矿。

成长一定会伴随着疼痛，把挨骂作为锻炼内心和工作技能不可多得的考验，相信过了不久再回过头来看，你也会感谢当初那个骂你的人。

# 帮忙当然要讲技巧

在职场中，我们经常会遇到其他同事向我们寻求帮助的情况。然而，"帮忙"这件看上去很平常的事情在职场里却大有学问。帮得好，能够让你迅速在同事、老板心中建立专业可靠的形象；帮得不好甚至帮了倒忙，可能就会让自己在日后的工作里处于被动。

首先，分析一下通常工作中同事请求你帮忙的种类和原因。

种类一：对方确实需要你的帮助，因为他不具备你所拥有的工作经验和技巧。

种类二：对方就是懒。

针对这两种普遍情况，我简单分析一下应该怎么应对。

## 种类一：当对方不具备你的经验和技巧，请你帮忙时

针对这个情况，我们首先要了解清楚这个"忙"背后的一些关键因素。我从 Who、What、How、When 四个维度来进行分析。

Who

首先要了解请你帮忙的人是谁，这是很关键的一点。倘若对方和你平级，或者平行部门的同事，那么这个忙你可得斟酌再三；但是如果请你帮忙的人是比你高一级的领导，那么你还是听听看；如果这个人是比你级别低的人，如果你正好有空没事做的话，倒是可以考虑帮一下忙的。

What

看对方让你帮的是什么忙。按照复杂程度，通常分为三类：

a. 举手之劳。不用动脑的事情，对方只是没空做而已，比如查一封邮件。这种不需要很多时间，很容易完成的工作。有空帮的尽量帮，这会让你在公司留下一个好形象；

b. 需要花心思的"忙"。比如整理一份调研报告。首先看一下自己手头的事情是否已经忙得不可开交。同时评估一下这个忙帮好需要你额外花多少时间，耗费多少精力，是否会和手上的事情形成冲突，从而耽搁自己工作完成的时间；

c. 不仅需要花心思，还需要其他人配合的"忙"。需要团队共同完成的项目，不要轻易答应和拒绝。而是先请示你的直属上司，询问他的意见，然后根据自己手上的工作内容再做安排调整。

How

完成这个"忙"，你打算怎么做，这又分为下面两种情况：

a. 对于属于自己工作能力范围内的"忙"，还是那句话，在自己时间和精力允许的范围内，能帮忙尽量帮忙；

b. 对于超出自己能力范围内的工作，尽量拒绝。并且向对方建议这种问题可以找比你更专业的人解决，如果交给你，你害怕越帮越忙。

When

按照对方要求的完成时间，这个"忙"的完成质量通常可以分为以下三种情况：

a.1 ~ 2 天之内的活儿，容错率高；

b. 一周之内要完成的活儿，不急，但是也不能马虎；

c. 一个月之内要完成，一旦答应，一定要保证质量。

至此，将一个"忙"解构为以上四类问题之后，我们可以对这个"忙"进行一个权重分析：

情形：对方确实需要你帮忙，因为他不具备你拥有的工作经验和技巧。

Who（请你帮忙的人是谁）：a. 比你职位高 b. 和你平级 c. 比你职位低。

Who 这一项的权重：70%

What（请你帮的是什么忙）：a. 举手之劳 b. 需要花心思 c. 不仅花心思，还要团队配合。

What 这一项的权重：20%

How（你打算怎么做）：a. 自己力所能及，得心应手 b. 前期需要自己研究学习。

How 这一项的权重：5%

When（什么时候完成）：a.1 ~ 2 天之内 b. 一周之内 c. 一个月之内。

When 这一项的权重：5%

上面的模型中，每一个大项目的子类目（a，b，c）选项，我们都可以按照自己的意愿设置一个分数，同时要保证 Who/What/How/When 四大项里各自的子类目分数加起来是 100 分。最后加权算出总分数，就是你答不答应帮这个忙的重要参考。

举例：我前公司的 CEO 曾让我帮她一个忙，让我研究一下中国在线网络游戏市场的概况，下周她会接待一家美国著名游戏公司的客户，需要这些资料作为信息支持，时间为一周。当时我手上正好还有其他的项目在做，并没有多少时间帮这个"忙"，可我最后还是答应了。这种情况我们套用在刚才的分析模型里：

情形：一周内收集中国网络游戏市场的相关数据和资料，并做成一份 20 页的报告。

Who（请你帮忙的人是谁）：a. 比你职位高（60 分）b. 和你平级（40 分）c. 比你职位低（0 分）。

Who 这一项的权重：70%

What（请你帮的是什么忙）：a. 举手之劳（50 分）b. 需要花心思（40 分）c. 不仅花心思，还要团队配合（10 分）。

What 这一项的权重：20%

How（你打算怎么做）：a. 自己力所能及，得心应手（70 分）b. 前期需要自己研究学习（30 分）。

How 这一项的权重：5%

When（什么时候完成）：a. 1～2 天之内（20 分）b. 一周之内（30 分）c. 一个月之内（50 分）。

When 这一项的权重：5%

简单说明一下，每一个括号里的数字代表的是你当下的个人意愿。比如假设这个工作是让我在一个月之内完成，那我会比较愿意去帮忙，因此这一子类目的分数会比较高（50分）；如果这份工作不仅需要我花心思，而且还需要找其他团队的人帮忙，我会觉得很麻烦，那么我帮忙的意愿就很低，只有10分。大项目（Who/What/How/When）对应的权重同样是根据个人意愿来设置，在我看来，请你帮忙的人是谁最重要，因为这直接导致帮了忙以后对你会造成怎样的影响，所以权重最高。在这个分析表中，每一个大项目的最高分数选项合计下来为：

$$60 \times 70\% + 50 \times 20\% + 70 \times 5\% + 50 \times 5\% = 58$$

这意味着，我帮这个忙，最高意愿分数总分是58分，因此接下来我评估的时候会设置一个合格分数，即 $58 \times 60\% = 34.8$，意思是只要超过了34.8分这个忙我就会愿意去帮，反之则拒绝。

那么最后在这个做中国网络游戏数据报告的情形中，帮忙的意愿得分如下：

Who（请你帮忙的人是谁？）：a. 比你职位高（60分）

Who 这一项的权重：70%

What（请你帮的是什么忙？）：b. 需要花心思（40分）

What 这一项的权重：20%

How（你打算怎么做？）：a. 自己力所能及，得心应手（70分）

How 这一项的权重：5%

When（什么时候完成？）：b. 一周之内（30 分）

When 这一项的权重：5%

最后我们加总得出这个"忙"的评估分数：

$60 \times 70\% + 40 \times 20\% + 70 \times 5\% + 30 \times 5\% = 55$（分）

毫无疑问，远远超过 34.8 分，那么这个忙我必须帮。

## 种类二：对方就是懒

这个时候需要发挥的是你的情商而不是智商。同样的，我们做一个分析。不过这次没有那么复杂，我们仅仅分析到 Who 这里就好了。

比你职位高，没什么好说的，一定要帮；

比你职位低或者平级，如果你不想帮，那么想办法拒绝。

怎么拒绝？下面三个办法仅供参考——

### 方法一：装忙

装得比对方还忙，每天风风火火，电话邮件会议不断，忙得连上厕所的时间都没有，让对方看到你这个样子就知难而退。如果对方依然过来问你，比方这样：

> Amy 呀，我这里有个小忙你能不能帮我一下呀？下周大老板出差回来想看一下我们部门这个月的工作汇报，但是我手上已经忙不过来了，你能不能帮我整理一下？

你可以这么回答："哎呀 Linda，我挺想帮你的，但是之前这种工作汇报我从来没有做过啊，我怕自己做会搞砸，老板怪罪下来也不好，而且你看我手上现在还在做老板交给我的另外一个事儿呢，也挺急的，实在不好意思呀。"

## 方法二：装傻

对方说东你说西，对方指南你往北。在对方面前扮演一个一无所知的"小白"，让对方误以为将这个事情交给你做，你会越搞越复杂，还不如他自己做。比如：

> 小王呀，我这儿有个事想请你帮忙一下，我现在在做一个项目，需要……
>
> 啊，这个项目是怎么一回事儿啊？
>
> 是这样的，这个项目是……
>
> 噢，我有点没听明白，能再讲一下吗？
>
> 这个项目是……
>
> 噢，我好像没做过这种哎，那需要我做什么吗？
>
> 对的，你就帮我……
>
> 啊，这个我不大会哎，你能不能教教我？
>
> 你就只用……
>
> 这个我没大明白哎，能再解释一下不？

一般讲到这个程度，对方应该扭头就走了。

### 方法三：借挡箭牌

通常这一招要搬你的老板出来。当对方找你帮忙的时候，你先不要忙着答应和拒绝，先请示你的老板，然后告诉老板你手上正在处理他交代的事情，没有时间帮同事这个忙。然后让你老板去交涉。

这招可谓屡试不爽。在我实习的时候，隔壁组的一名同事过来让我帮她去贴墙纸，我装傻装忙她依然不依不饶。最后我直接跟我的直属老板说明情况，并且问道："我现在手上正在做您交给我的任务呢，实在没空帮隔壁组啊，我应该怎么办呢？"我老板看到之后马上去跟对方交涉，我也就避免了一场麻烦。

最后还有一个关键问题，就是如何正确识别同事请你帮忙是真有需要，还是因为他懒。

很简单，你花几分钟，观察他这段时间在自己位置上干吗。如果他一下午都在埋头工作，连吃饭上厕所时间都没有，你不妨听听他接下来的请求是什么。如果他一下午都在刷淘宝或聊天，这个忙果断不能帮。

总而言之，职场里帮忙也要讲技巧。帮得好，能让你一路高升；帮得不好，会给自己徒增麻烦，请三思而后行。

# 关于背黑锅：对不起，我拒绝

在职场上，同事的忙要小心帮，而老板的"黑锅"也要谨慎对待。

## 巧妙地拒绝背"锅"

我非常喜欢日剧《半泽直树》。这部曾在日本创下收视奇迹的日剧，通过一个小人物的成长经历，把职场上的残酷现实血淋淋地展现在我们眼前。

故事一开头就是身为银行融资课长的半泽直树，被自己的上司坑，硬是被逼着答应濒临倒闭的企业 5 个亿的融资贷款要求。事发后上司把所有的责任都推卸给半泽，自己撇得一干二净。

下属的功劳是上司的功劳，上司的过失是下属的过失。

这句台词贯穿始终，推动着整个剧情的发展，也道出了不少职场白领的心声。

我也曾莫名其妙背过"锅"，在我刚工作的时候。

同组一个比我"资深"的同事和我共同做一个项目。项目期间他把所有工作内容"巧妙"地推给我，自己跑出去见明星发朋友圈，还跟我说是在"锻炼我"。

我整理数据报表三天三夜，见到他的时间不超过 10 分钟。

由于连续工作十分疲惫，我最后算错几个数据被 BOSS 点名批评。可气的是，这个同事也在旁边随声附和，说我"做事不专心，不应该把工作交给我"。可这个数据明明应该由他来清算。

我虽然嫩，但也不能这样白受欺负。

于是我把项目期间所有经手的工作文件和邮件都整理好，发送给 BOSS。并告诉他这段时间究竟发生了什么，以及那名同事从来都没和我有工作邮件往来，全部工作都是我一个人在做。这种工作负荷已经远超过一个新人所应该承担的分量，但我最后还是为自己的粗心过失诚恳道歉。

整个邮件以诚恳的道歉开头，其间将重要事实穿插其中，最后以再次道歉结尾。聪明的老板一眼就看出端倪。

那时候我才意识到，争辩要留好证据，姿势要优雅。

## 吃亏不一定是福

中国有句话，叫"吃亏是福"。放在职场上，这话有待商榷。

不是什么亏都要吃，有的亏明显就是欺负你，不会给你带来半点好处。这就好像在街上被人莫名其妙扇了一巴掌，还告诉自己说人家打你是看得起你，你要好好珍惜。这不是吃亏，这是傻。

"今天吃的亏，是明天的财富""忍一时，风平浪静；退一步，海阔天空"，这全是站着说话腰不疼。

吃亏的目的是最后不吃亏，被人打了就要想办法打回来。你越是忍，就越助长对方的气焰。做人要留气节和底线，不然你自己都会瞧不起自己。

以前后台有个粉丝问我这样一个问题：

"我是公司的 HR，昨天公司突然宣布要裁员，老板让我出面和被裁的员工协商，让他们同意签字走人，但是一分钱补偿金都不赔。我知道这明明是公司不对，但我被领导推到台前面对大家，我该怎么办？"

这领导的黑锅还真是甩得好。

我回复他："宁可辞职，也不要做让你睡觉都不安稳的事。"

如果助纣为虐，那跟畜生有什么区别？背下了这个黑锅，以后就是被千夫所指，而本该负责的人却在外面逍遥自在。

## 不必感谢伤害你的人

许多人觉得我把职场描述得太黑暗，电视剧里都是经过夸张处理过的情节，现实生活中哪有这么可怕。

可事实是，职场现实就是这么残酷。虽然表面上都是同事之间其乐融融，家人一般亲密无间，中午一起吃饭，周末唱歌逛街。可一旦涉及利益问题，该甩的锅依然会甩。

当你发现自己辛苦谈下来的客户被每周一起唱歌的同事暗中撬走，平日里对你和颜悦色的老板其实早就在想办法弄走你，隔壁组的人求你帮忙做一份"简单"的报告，殊不知这是个巨大的天坑……这时，你会不会还觉得大家都是其乐融融？

职场上这样的故事每天都在上演，翻脸比翻书还快的大有人在。这时那些精英公众号会告诉你，多大的黑锅你都得接着，这才是激发你潜能的最佳途径。

没错，我赞成。置之死地而后生，很多时候绝境才能逼出你的决心和潜力。

可之后呢？那些伤害过我、让我不好过的人，我凭什么要原谅他们？

相声演员岳云鹏曾经有过一段采访，说到自己以前做饭店服务员时被别人羞辱的经历。最后他说，对不起，我从不感谢伤害过我的人。我深以为然。

明明被害惨了，还要强逼着自己看开一点，不要记恨在心。这反人类的情绪，心理是得有多扭曲？

## 活得像个斗士

懂得示弱的人，不会甘心永远示弱，总有一天要全部打回来。一辈子忍气吞声的人，没人会瞧得起你，只会觉得你好欺负。

抱着这样的决心去工作，会得罪人，但也在宣布，你不是一盏省油的灯。

丢给你的黑锅，不要轻易去背。"我们现在是一条船上的人了，以后我会照应你的。"这句话的另外一个翻译是：你现在有我的把柄了，以后我会处处提防你。

能够因为利益走到一起的人，一样也能因为利益翻脸。

上层考虑问题永远都在计算利益，弃车保帅最常见不过。很多时候背了这个锅你就是炮灰。

吵架的最高境界是不吵。没有哪个公司喜欢底下的员工每天打来打去。你有本事，工作能力强，没人敢轻易撕你也没人会丢给你黑锅，除非你做人太有问题。

与其像一个办公室油子一样每天人浮于事，整天研究怎样在办公室政治中腾挪躲闪，不如巩固自己的工作能力，就算离开了这里，外面也有一大票人要你。

如果你也曾经吃过闷亏，背过黑锅，希望这些能对你有一点帮助。

活得像一个斗士，不要做一个孬种。

# 真牛和吹牛只有一线之隔

工作中我们经常会遇到一些"大牛"，能够有幸和他们交谈可以丰富我们的见识。但是职场上同样有一部分人，不是大牛却喜欢吹牛，没有真知灼见却喜欢故作高深。遇到这样的人，我们该如何辨别？下面三点或许可以给各位带来一点启发。

## 是否具备独立思考的能力

所谓独立思考能力，就是有自己的观点和洞察，不人云亦云，哪怕最后被证明是错的，也要远远好过不经过自己思考就随便附和的人。

我曾认识一个人 M，刚认识的时候，他经常会跟我说许多新鲜有趣、大胆前卫的观点，虽然有时候他表现出一副自命不凡、瞧不起其他人的样子，但那时我确实觉得他很多想法都很有主见，也很喜欢和他聊天。

直到有一天，他和我在微信上讲起最近行业里一个不错的案例，然后和我扬扬得意地"科普"这个案例背后的思考和技术难点时，我才惊讶地发现他说的与一周前我们的共同朋友 K 告诉我的一模一样。我说的一模一样指的是，文字和标点符号都一分不差。那位 K 朋友因为是这个项目的实际操作者，因此我有理由相信很有可能是 M 将 K 告诉过他的信息原封不动地复制粘贴给我看，最终满足他的虚荣心。

从那以后我就开始小心留意 M 告诉我的信息，他说的观点我都会去重新搜查，后来发现绝大部分都是他从网上或者书上看来的，他只是做了一个"搬运工"而已。当然"搬运工"也没有什么不好，至少让我省了去搜寻信息的时间。但是和他说话时一贯自鸣得意、瞧不起其他人的样子配合起来，就比较让人作呕了。

牛人，一定是有独立思考能力的。他会从事物现象入手，思考本质，然后提出一个别人没有想到的角度和观点。即便是分享给你一个"已知"的信息，也会加上自己的观点，让这个信息更加丰满有趣起来。多和这样的人交流，才能不断丰富我们的知识体系，打开我们的视野。

## 是否敢于承认自己的错误和不足

牛人都是谦虚的，他们懂得人无完人的道理，敢于承认自己的过失和错误。

我以前跟过一个老板。他在加拿大数一数二的大学获得心理学硕士学位后，在那里最好的广告公司做到总监然后再来到中国。除了聪明和勤奋，他最让我敬佩的地方是他敢于承认自己的错误，而且是在他的下属面前。

因为他从小成长在国外，对于中国人的文化知之甚少。但我们的工作需要很多对中国市场和消费者文化的透彻理解，所以我经常会负责对他进行"文化科普教育"，告诉他中国人的思维方式是怎么样的。

通常在广告行业，外国高管都是高冷的。他们身居高位，不会愿意倾听和采纳中国同事的意见，反而固执地认为自己的那一套才是放之四海而皆准的标杆。

但我这位老板完全不同，很多时候他都会静静耐心听取我的建议，并且当发现这些建议与他一直以来以为的情况不同时，他都会笑着说"Maybe I've made a mistake"，或者"Sorry I am wrong. So what is your next suggestion?"

我很喜欢和他一起工作，因为他开放的态度总是能启发我做一些从没有做过的事情。他最喜欢问我："你觉得为什么会这样？"而不是"让我来告诉你这是为什么"。这是有本质区别的，他以一个"伙伴"和"导师"的角色不断引导我去发现问题的本质原因，而不是粗暴地用经验来限制我的思考。

我也遇过非常装的老板，他们拒绝接受任何改变，认为这么多年经验下来只有自己的标准才是最正确的，甚至很多时候瞧不起那些提出改进意见的人。他们很喜欢提自己当年的丰功伟绩，常用句式是"要知道我在你们这个年纪已经做到总监了"。或者"我当年的公司，完全靠我一个人撑起来的"。

且不说这些话的真假，这种人带团队真的是一场噩梦。

一个人在某一个专业领域再厉害，都会在其他领域遇到自己不擅长的事情。真牛和装牛的心态差别在于，前者懂得不断学习来补充和完善自己的知识体系，他们总是谦虚地洗耳恭听，和这样的人相处会非常舒服，你会很愿意把自己的东西分享给他们；而后者只会固守一隅，拒绝新事物和新观点，因为这有可能破坏他们故弄玄虚时的"法宝"。

## 是否会习惯性地夸大其词

这来自生活中的一个观察。装牛的人为了能够吸引听众的注意力，经常会采取夸大其词的方式来进行叙述，形成自己的"伪装护城河"。

装自己赚钱多，一万的月薪非要说成三万，还必须每天搭配一个 A 货包来证明；

装自己人脉广，一面之交的人也要说成一起扛过枪的死党；

装自己见识多，没去过的地方都能绘声绘色编故事给你听；

装自己能力强，明明是个打杂的角色非要说成是团队顶梁，吹嘘自己有力挽狂澜之力。

我曾经面试过一个人，非常能讲。从入行的经历讲到现在公司的工作，我和 HR 都对他比较满意，最后我提出想看下他之前做过的方案。显然他是有备而来，马上打开电脑给我看。

在这之前一切都波澜不惊。在我打开他第二个方案文件时尴尬发生了，熟悉的画面和文字让我瞬间回到两年前那个加班的夜晚，我和同事们在办公室拼死拼活赶着眼前的这份方案。

我假装不知道的样子，问他，这个方案是你写的？

他毫不犹豫地点头。

当时这个项目是什么背景，能简单介绍一下吗？

他背书一样跟我复述了一遍 PPT 上面的客户要求。

你们当时做这个项目背后的策略思考是怎么样的？你能否看着我说，不要看电脑。

他蒙了。

我不知道他是从哪里拿来这份方案，也不记得当时这个项目是否有他参与过，但是很明显他在撒谎，只是不凑巧碰到了立马就能揭穿他的人。

这样的人我遇过许多，添油加醋在他们嘴里像家常便饭一样。他们会把这种习惯带到生活中的各个角落里，三分的事情别人最多说成五分，到了他们嘴里就变成九分、十分。

辨别这种人最好的方法，就是拿一个已知的事实或知识去"测试"他。比如对方跟你吹嘘自己是品红酒的专家，你可以预先准备一个比较冷门的知识点（比如红酒不同的分类方法）去"请教"他，装牛的人是不会承认自己不知道的，你就能发现他是不是真的懂。你也可以向他抛出你熟悉领域内的观点，看看他是否能向你输出独特有价值的信息，而不是人云亦云。

真正的牛人都是低调的，他们不需要通过"夸大其词"来宣扬自己多厉害。实际上他们不用自我标榜，周围人的评价和已经在外的名声足以证明他们的实力。正所谓"不喧哗，自有声"。

越是面对喜欢自夸、喜欢通过吹牛来彰显自己能力的人，我们越要练就自己的火眼金睛。通过多方信息渠道去了解他的背景，通过巩固自我的知识能力来对对方的言语做出判断，不要轻易相信对方的一面之词，时刻都会做信息的筛选和过滤。不仅是牛人，我们每个人都要学会独立思考。

# "准时是帝王的礼貌"

在职场上，守时是非常好的习惯。它和诚实、守信、正直、专业一样，是基本的职业道德。一个守时的人，一定拥有不错的情商，相处起来也会很舒服。然而，大多数时候我们难遇到特别守时的人。

有一次我在早上 10 点约了一个面试。我 9 点 50 就整理好相关的文件，安排好后面的工作，静候面试者到来。

10 点 00，面试者没有到。

10 点 10 分，依然没有消息。

10 点 15 分，我让 HR 给他打了一个电话，电话里他说在高架上堵得动不了，下高架 5 分钟就到。

南北高架我天天开，"堵得动不了"只会发生在 10 点钟之前，而我们公司地铁出来走 3 分钟就到。总之，为了等他，我推迟了后面一个重要的会议，少看了两份重要的文件，本来上午安排好的工作全部被打乱，还连带着拖延了其他项目组的协同工作时间。

你猜他后来几点来的？

10 点 45 分。

45 分钟，隔壁中学一堂课都上完了。

然而这并不是最让我抓狂的，真正把我惹毛的是他进来后的一句话："我以为你们广告公司上班时间都挺晚的。"

说得仿佛特别理所当然。我和 HR 面面相觑，最后只给了他 5 分钟面试时间。

我的朋友 J 也遇到过类似的情况。

有一次，一个猎头约 J 见面，聊一个工作机会。他们约好第二天下午 3 点在 J 的公司附近碰头，具体地址猎头说到时候发给他。

到了第二天，J 比约定时间提前半个小时到达。可直到 14 点 45 分，J 都没有收到猎头的任何信息。

J 发微信询问，四五条信息过去无果。接着打电话给对方，那头一直忙音没人接。最后 J 发短信告诉猎头已经到达，还是没有音讯。

到了 15 点 15 分，J 终于接到猎头的电话。

让 J 万万没想到的是，这位猎头开头第一句并不是"对不起"，而是"我的会议还没结束，可能一个小时后过来，你先随便找个地方坐一下吧"。

"我精心准备了许久，最后变成我耗费一个下午时间去等他。有没有搞错，是他要告诉我一个工作机会，而不是我去求他。"J 有点儿恼火地对我说道。最后他拒绝继续等待，并屏蔽了这个猎头。

职场上不准时的人，不仅会给合作的人造成不快，久而久之他们会让人难以信任。

"连开个会都不能准时参加，以后重大的工作怎么敢交给你？你能准时完成吗？"

往大了说，这是时间管理能力有问题；往小了说，这是自私自利，没有同理心。不守时的人从来没有意识到，因为自己的不准时，会给别人造成多大的麻烦。

不准时的人，打乱的是其他人正常的时间安排。这会产生蝴蝶效应，负面影响会不断放大。一个公司和组织就如同一台精密运作的机器，一个零件出了问题，影响的是周围所有零件的正常运行。

就像前面两个故事中，应聘者的迟到，有可能打乱面试官一个上午的工作安排；猎头遥遥无期的会议，结果是让 J 放下手上的繁忙工作，白白耗费一下午时间去等待。

觉得不守时是理所当然的人，大概也觉得全世界都应该围绕着他们转吧。这何尝不是一种自私的行为？

我遇到过无数次这种情况：

上午 10 点半召开重要会议，所有人都按时出现，除了其中一个人，硬是拖到下午 1 点才现身。没有提前告知，没有电话抱歉。理由是昨晚加班太晚睡过头。然而昨晚要做的东西，一天前就应该完成，在场 7 个人浪费了一个上午去等他。

一个不准时的人，能拖累一个团队的工作效率。

成功的人一定是重视时间的。越会忙碌的人，越是对时间有"精确到分"的规划。

我有个朋友在一家咨询公司做总经理助理。她老板是个德国人，有一次她给我看她老板的行程表上写的安排：

12：05—12：50　和 Jennifer 午餐；

13：15—14：30　季度会议。与会人员：Anderson/Hans/Lucy；

15：15—16：00　Global Con-call Meeting；

16：25—17：30　A项目汇报会议。

我问她，你老板每一项都能够准时参加吗？

"不是能够，是必须。一个项目没有按时，后面所有计划都得打乱重新排，安排好的人也要重新敲时间，这样更麻烦。所以我都会预先留5～10分钟的缓冲时间出来。"

她老板一个人管三个国家的办公室，却从来没有手忙脚乱的时候。越会忙碌的人越珍惜每一分钟。越喜欢浪费时间的人，他的时间越没有价值。越是懂得守时的人，工作的效率越高，越能发挥出时间的最大价值。

德国有句谚语，"准时是帝王的礼貌"。

帝王也许拔得太高，落在我们普通人身上，我的理解是，准时是一种美德。

这和诚实、守信、正直、专业一样，是基本的职业道德。

我们常说做人要有"契约精神"，准时就是最好的契约精神。答应别人的事情，就一定要兑现。做好的安排，就一定要恪守。这就叫靠谱，人靠得住，做事才有谱。

如果连守时都做不到，没人敢把重要的事情交给你，没人敢向别人推荐你，没人敢和你合作，没人敢信任你。同样是蝴蝶效应，久而久之"不守时"的名声可能会成为影响你职业发展的重要障碍。想一想，因为自己每次耽搁那十几分钟，最后变成大家都害怕和你一起工作，这是不是太划不来了？

# 依靠自己，不向命运投降

曾经有一位读者对我提问，她说道：

"我总觉得命运对我不公平，不管是在工作还是生活里，每次我满怀希望地去期待一件事，最后却总是给我无情的打击。人生的运气这么糟糕，有什么办法改变这个现状吗？"

再次分享一个我的故事。

我的第一份正式工作来之不易。大四临近毕业，我已经在一家广告公司做了半年实习生。

我热爱这个行业，每天像海绵一样孜孜不倦地吸收各种知识，脏活累活抢着去干。

因为我的勤奋和优异表现，团队领导承诺我一毕业就立马和我签合同转正。不仅如此，以后还有机会和行业顶级创意和策略人员一起工作，服务知名的品牌客户，更有机会接触国外的同事，了解这个世界最前沿的广告创意水平。

那时在傍晚回家的路上一想到这些，我眼睛都在放光，觉得未来前途一片美好。

然而当我满怀憧憬地等到毕业前一个月准备和公司签合同的时候，突然有一天 HR 把我叫到办公室，支支吾吾地跟我说公司总部那边的名额没有批下来，无法和我签雇佣合同。

那一瞬间我觉得天旋地转。自己辛苦了大半年，每个月拿着两三百块连吃饭都不够的补贴，最后却落得这样一个下场。那是我人生第一次体会到希望破天的感觉。

后来我回到家里，开始每天在网上投简历。这时已经是 6 月，错过了社招的最佳时期，大部分公司的招聘计划已经结束，身边的同学大多也都找到了工作。只有我，得从头来为自己的将来做打算。那也是我人生第一次体会到被别人狠狠甩在身后的感觉。

我每天早上 9 点准时起床，扫遍各大招聘网站上的信息，挨个把简历投过去。运气好一天能接到两三个面试电话，运气不好一个星期都没有音讯。

我穿梭于城市的地铁和写字楼，见过高矮胖瘦来自各个国家和地区的面试官，做过各路稀奇古怪的笔试题。

就这样一直持续了两个多月，面试了不下 20 家公司，失败了 10 多次。有好几次面试官看了我的简历甚至觉得我在吹牛，他们觉得一个二本学校毕业的孩子怎么可能在一家国际顶尖的广告公司做过这么多事情，直接跟我说"我觉得你在说谎"，然后就赶我走。

那段日子，我不断经历着希望和失望的反复交替，心情每天波荡起伏。看到同时期的朋友都已经开始在网上晒自己的工作照，我心急如焚，寝食难安。

后来老天眷顾，一家小公司接纳了我，工资开得虽然不高，可我还是感恩戴德地去上班。

那种感觉，就好像你独自一人在汪洋大海上漂泊了许久，终于上了岸。

我开始工作的一两年特别不顺。不会的地方有很多，几乎每天都在出错。

我的第二份工作，是在一家国际广告公司。第一次看全英文的邮件时，我连同里面多达 30 兆的 PPT 文件用了一个下午。那时我非常希望有人能够带带我，至少告诉我文件里面那些专业术语是什么意思。

后来来了一位长得很帅的美国老板，我以为终于有个人能够好好教我了，也下定决心努力去学。可事与愿违，这位老板更喜欢"放养"。他几乎不教我东西，而是让我自己去摸索。犯了错就让我把事情交给他，做好了再丢给我。我很不适应。习惯了过去在学校里跟着老师亦步亦趋地学习，突然面对一大摊子事情要我自己处理，我不知道该从何做起。

那段时间的我特别痛苦。我每天都在琢磨他丢给我的 PPT 究竟是怎么做出来的，去拆解他写的每一份提案文件，去反向搜索他文件中的信息源，去偷偷看他的电脑上藏着什么绝妙的网站。我逼着自己去教自己。

过了一年，我慢慢能够独当一面。这位老板便开始喜欢跟项目组的其他人说："Don't worry，Allen will take this."然后就去干别的事去了。

后来他离开中国，临走前请我吃了顿饭。席间他对我说："我不擅长教人，但我知道什么是好的工作成果。你能够通过自己的努力摸索出一条道路，而不是依赖于他人。你有今天这样的能力都是你自己的功劳，我为你感到高兴。"

从那以后，我才开始意识到，唯有自己才是这个世界上最稳妥的依靠。

无论是工作或生活，相较于把希望寄托于别人，依靠自己是最让我放心的办法。依靠别人永远有风险，当你不能掌控的时候就有最坏的可能出现。这个道理在我的人生中不断地被验证。

第一次找工作的经历，让我认识到把希望全部寄托在外部的风险太大。那时的我没有任何议价能力，决定命运的更多依靠运气。

后来我又把希望寄托在自己的老板身上，期待他会对我倾囊相授。但是事与愿违，我只能抓住一切可以利用的机会，见缝插针地去提高自己。

再后来我也曾把各种"希望"寄托于身边的朋友、同事、父母、前辈，甚至客户身上，最后的结果也并非让人如意。

失望越大，下一次的期望就越低。经历了无数次的失望之后，事到如今，我对那些自己不能掌控的事情再也不会燃起任何不切实际的希望。

听上去有点悲观，但这不是坏事。

起码这让我更加专注于当下，专注于去抓住那些我有能力抓住的东西；让我学会了凡事都要留一手后路，心里做最坏的打算；让我不会因为得不到而怅然若失，反而以一颗平常心去对待所有的"失望"。无所谓希望，无所谓失望，专注做每一件事，希望自会降临。

我的一个朋友 C，就是从上大学到现在，完全依靠自己在上海这座城市生存下来的。他读书的时候一周打三份工赚学费，毕业之后从最底层的金融销售做起，一路靠自己摸爬滚打坐到现在的位置。

幸运女神似乎从来就没有光顾过他。打工的时候因为客人喝醉了在店里丢了钱包，结果让当时值班的他全权负责，扣了一个月工资；做销售时辛苦谈了两个月的客户，最后被组里另外一位年长的销售暗中撬走；两年前在一次连续加班一个月后，突然被查出来有肿瘤……

然而这一切他都挺了过来，用他的话说，他从来没有对生活奢求过什么光明和希望，他只能自己创造希望。

如果说生活教会了他什么东西，依靠自己就是最大的道理。

当你发现能够完全依靠自己的力量在这个世界上过得很好时，你就再也不会想去依赖别人。

你不用因为工作的矛盾而忐忑不安、耿耿于怀，你不用因为感情的背叛而酩酊大醉、以泪洗面，你不用因为生活的琐事而纠结烦恼、寝食难安……只有把希望放在自己身上，你才不会去担心别人突然掉链子怎么办。

只有做好了最坏的打算，你才能淡定地面对一切结果，大不了从头再来。

有些东西老天能够从你身上随时夺走，也有一些东西会跟随你一辈子，如你的故事、经历、感悟、工作能力、处世方法……把希望放在这些珍贵的事物上，总有一天它们会帮你从不公的命运里重新夺回属于你的东西。

对我而言，这就叫活得潇洒。

最后回到文章开头的那个问题，人生的运气这么糟糕，每次都是希望而去，失望而归，该如何改变这个现状？

我的答案是，接受失望，降低期望，学会按最坏的情况去面对一切可能的结果，然后把精力集中在自我心态和个人能力的不断修炼上。这是你付出了就一定会有回报的东西。

你人生最大的希望就是自己，永远不要向命运投降。

# 第四章

# 高效能人士的思维方式

　　一眼就洞穿事物本质的人，往往能够抢得先机。因为在别人还在苦苦思索、不得其解的时候，他们已经在分析和解决问题。久而久之，在职场中自然就成长得比别人快了。

# 高薪者都是这样思考问题

工作中有一个高效的逻辑思维能力无比重要，它能立刻让你找到问题的关键，让问题迎刃而解。而逻辑思维的过程就是化繁为简的过程，其目的是找到解决方法。因此，所有和"寻求解决方法"无关的信息，都是无用信息，都需要剔除。

我很喜欢《教父》这部电影，里面有一句话让我记忆犹新：花半秒钟就看透事物本质的人，和花一辈子都看不清事物本质的人，注定是截然不同的命运。

举个例子，我在工作中经常会用 PPT 给高层领导做汇报。PPT 通常需要控制在 10 ~ 15 页以内，因为级别越高的人，时间越宝贵，就越需要尽快了解和抓住事物的本质与关键。底下的人动不动写上百十来页的 PPT，没有一个领导愿意看，反而会觉得你工作能力差，废话连篇。

一眼就洞穿事物本质的人，往往能够抢得先机。因为在别人还在苦苦思索、不得其解的时候，他们已经在分析和解决问题。久而久之，在职场中自然就成长得比别人快了。

那么如何提高逻辑思维能力？下面四点非常重要：

**Be MECE**

MECE 取自 "Mutually Exclusive Collectively Exhaustive"，中文意思是相互独立，完全穷尽，发音读作 "Me See"。此概念起源于麦肯锡的一位资深咨询顾问芭芭拉·明托，她在《金字塔原理》中第一次将这个概念提出，成为后来战略咨询行业的重要原则之一。

相互独立，意味着把影响问题的原因拆分成有明确区分、互不重叠的各个因素。完全穷尽，意味着全面周密，毫无遗漏。

通常运用 MECE 都是从一个最高层的问题开始，逐层向下进行分解。首先列出你亟待解决的问题，然后将问题拆分成子问题，并保证它们之间互不重叠和干扰。同时保证你把能够想到的子问题全部列了出来。

实际运用中你只需要不停问自己两个问题：

a. 我是不是把所有的可能因素都考虑到了，有没有遗漏的？如果有，再去找。

b. 这些因素之间有没有互相重叠的部分？如果有，进行去重。

比如你现在遇到的问题是："我该不该现在跳槽？"那么对这个问题的分解可如下所示：

**核心问题：我该不该跳槽**

由核心问题延伸出的子问题：影响跳槽的因素有哪些？尽可能列举出所有相关因素，并且设定权重和分数（每一项满分 100 分）。

子因素 1：工资

现状：每个月扣除房租、交通和吃饭的钱，所剩不多。

结论：工资少

分数：60

权重：50%

子因素 2：工作环境

现状：公司在高大上的商业区，周围交通和餐饮都很方便，办公室装修环境也不错。

结论：工作环境尚可

分数：80

权重：10%

子因素 3：老板

现状：老板对我很好，也能教我很多东西。就是有时候很严格，很抠细节。

结论：老板不错

分数：80

权重：30%

子因素 4：同事关系

现状：同事都是年轻人，共同语言较多，大家相处起来也比较轻松愉快，工作上沟通也方便，但是互相感觉学不到什么东西。

结论：同事关系融洽

分数：70

权重：5%

子因素 5：离家距离

现状：每天上班时间一个半小时，换乘 3 次地铁，很不方便。

结论：离家太远

分数：50

权重：3%

子因素 6：福利待遇

现状：过年过节公司不会送什么东西，假期也很少，没有公司旅游。

结论：福利不好

分数：40

权重：2%

当列举完以上所有的跳槽相关因素，让我们做一个加权总分：

$60 \times 50\% + 80 \times 10\% + 80 \times 30\% + 70 \times 5\% + 50 \times 3\% + 40 \times 2\% = 67.8$（分）

总分 67.8 分。如果你给自己设的及格线是 60 分，那么该不该跳槽自然心里就有数了。这就是用 MECE 的方法解决问题的好处，将复杂问题细分化。

## 归纳和演绎

这是两条基本的认知事物和思考的逻辑法则。简单来说：

归纳，是把具备某种相同属性的事物一一列举出来，然后寻找共通点。

演绎，是把互相之间形成影响的因素，按照事物因果顺序、时间先后顺序、重要程度顺序排列出来，再寻找突破口。

龙生龙，凤生凤，老鼠的儿子会打洞，这是归纳（龙、凤、老鼠各为一类）。

太极生两仪，两仪生四象，四象生八卦，这是演绎（由太极开始，向后递推的顺序）。

工作中所有的问题，你都可以把它用演绎或者归纳的形式进行拆分。我喜欢把这个过程称为"解构"。归纳演绎和前面提到的 MECE 经常会搭配使用，在归纳演绎的过程中，坚持 MECE 的原则，能把复杂的问题分解成多种单一的因素，这个过程犹如抽丝剥茧，将一团乱麻捋顺。

大家思考问题时，可以试着用思维提纲：

1. 核心问题是什么？（只能有一个，如果有很多，找到最重要的那个）

2. 这个问题的背景是什么？（来龙去脉、历史原因）

3. 和现在这个问题有关的人物和因素有哪些？（记住 MECE 法则，用归纳法，一一并列出来）

4. 哪些是导致这个问题的关键原因？

5. 哪些是次要原因？

6. 解决这个问题有哪些方法？（用归纳法，写出所有可能。用演绎法，找到每种方法实施的具体步骤）

7. 解决这个问题，你现在欠缺哪些条件或者资源？

8. 如何去弥补这些条件上的欠缺？

9. 你的时间规划是怎样的，先做什么，再做什么，最后做什么？

10. 最后一步，just do it。

以上是我思考问题时通常会遵循的思维方法，多运用几次之后，你会不自觉地按照这个逻辑去面对任何你遇到的问题。不仅是工作，在日常生活中遇到的任何复杂而让人不知所措的问题，都能轻松化解。

比如你现在是一名助理，刚刚老板告诉你需要帮她订周日飞往北京的机票，可是你发现周日的机票全部卖光了。此时你手上还有 3 封邮件没有发，下午还有一个会议要参加。

1. 核心问题是什么？（只能有一个）

老板周日要去北京，可是航班机票都订光了。

2. 这个问题的背景是什么？（来龙去脉、历史原因）

周日公司在北京将有一场重要的宣传活动，持续两天，因此老板必须在周日之前赶到。另外，周五老板早上有一个会议，下午就没事了。因此周五下午到周六是老板可以前往机场的时间。

3. 和现在这个问题有关的人物和因素有哪些？（记住 MECE 法则，用归纳法，一一并列出来）

你是老板的唯一助理，这个事情只有你一个人负责。老板要坐飞机，因此关键因素是各大航空公司周末飞北京的航班时刻表以及剩余座位信息。

4. 哪些是导致这个问题的关键原因？

你得知这个事情的时间太晚，错过了最佳订票时间。

5. 哪些是次要原因？

最近是旅游旺季，周末前往北京的人很多，导致航班紧张。但是改期去是不可能的。

6. 解决这个问题有哪些方法？（用归纳法，写出所有可能。用演绎法，找到每种方法实施的具体步骤）

A. 自己订票。花一下午时间将中国所有航空公司和旅行网站的信息整理出来，将周五、周六两天飞往北京的航班剩余座位信息做成一张统计表，包括起飞降落时间、座舱等级、机场信息、机票价格，然后将这些信息记录下来。

B. 委托自己在旅行社的朋友帮忙，搜寻航班尾票，同样按照起飞降落时间等将这些信息记录下来。

C. 准备备选方案。如果周日所有飞往北京的机票被订光或者时间不好，那么改去搜寻高铁的时刻表，同样将时间、火车站等信息做记录。

7. 解决这个问题，你现在欠缺哪些条件或者资源？

时间。因为错过最佳订票时间，所以需要尽快在网上搜寻剩余的航班座次信息。你一个人忙不过来，需要人手帮忙。

8. 如何去弥补这些条件上的欠缺？

叫同组的同事或者实习生一起帮忙，告诉他们事情的紧迫性，请暂时手上空闲的人一起帮你搜寻，然后你做信息汇总。

9. 你的时间规划是怎样的，先做什么，再做什么，最后做什么？

今天是周二。早上你还需要发送 3 封邮件，下午两点之前你有一个紧急会议要参加。3 点以后到下班前你都有时间。因此现在先委托同事帮忙搜寻航班信息，3 点以后你来继续做接下来的工作以及汇总。

10. 最后一步。

记住，当你信心满满把你的解决方案呈现给你老板时，绝不能上来就说"老板，我给您订周五晚上 8 点的票吧"这样一句话。

如果你这么回答，助理干不了多久的。

聪明的助理首先会把之前收集好的信息做成一张简单清楚的表格，将所有航班的起飞时间、机场、航空公司等全部纳入其中，并且还有高铁作为备选方案。当她把这个表格呈现给老板的时候会说：

"老板，根据我的研究，我觉得最适合您周末去北京的时间是周五下午 3 点或者周六下午 3 点半。因为周五早上您有一个重要会议，会议结束

之后赶往机场刚好能赶上飞机，降落北京之后您到达酒店的时间刚好赶上
晚饭。而周六您一般起来比较晚，如果是下午 3 点半起飞，中午您可以好
好吃一顿午饭，从您家里到机场的时间也刚好，不会太赶。这两个航班的
航空公司也是您之前常坐的，相信他们的服务您也会满意。如果您觉得这
两个时间都不好，其他的航班时刻就比较尴尬，所以我还准备了备选方
案，如果您不介意坐高铁的话……"

不要以为给老板订机票很简单，做好了也是需要下一番功夫的啊！这
都是血和泪的教训。更别提工作中比这复杂得多的问题了。

但万变不离其宗，当你在日常工作中有意识培养了自己这样一套思考
问题的逻辑方法以后，久而久之会形成习惯，以后再遇到问题就能很高效
地去分析和解决了。

## 先说结论

把你要阐述的观点一开始就抛出来，这能节省所有人的时间。我们的
第一句话就要把自己的核心观点传递出来：我们的方案是什么，以及它为
什么是最佳的选择。

记住按照总分总的原则，首先抛出核心观点，即"我们应该做什么"。
这可能是几句话，但这几句话凝聚了你大量的思考，花费了你大量的时间
去考证和分析。当阐述完核心观点之后，接下来需要进行解释，即"为什
么这么做"。就像写论文一样，首先是核心论点，接下来是支持核心论点
的分论点，然后是二级分论点，依次向下排列。这个思考模型总结如下：

1. 说结论，用一句话来表达你的思想是什么。

2. 给结论找论据。同一个结论，可以有论据 1、论据 2、论据 3……
分别去支持这个结论。

3. 大论据下找小论据。比如论据 1，可以继续找分论点 1、分论点 2、

分论点 3……来分别支持论据 1。

4.将上面这个金字塔结构层层往下递进，保证每一个论点都能向下找到支持的论据。

"演绎归纳和 MECE"，是你的分析思考过程；"先讲结论"，是你思考完以后的表述方法。先讲结论的人，能够在一开始就抓住别人的注意力，接下来通过层层递进的方式论证结论的正确性，听众就不会迷失方向。

这种例子在日常工作中比比皆是。比如：

例一

**结论：我应该转行去做销售**

论据：首先，目前这份工作收入不高，在一线城市生活比较吃力（经济收入低）。其次，现在这份工作是文职工作，每天坐在办公室处理文件，和人接触的机会较少，不适合我的性格（主观原因）。再次，我希望未来能够做一些更有挑战性的工作，这样能够帮助我快速成长。而销售，无疑是非常具备挑战性的，虽然工资不会比现在高多少，但是能得到很大锻炼（强调未来成长性）。最后，现在有两家不错的大公司缺销售，他们也对我表示出强烈兴趣（强调已经有机会向自己靠拢）。

用上面的思考模型来模拟，如下所示：

**结论：我应该转行去做销售**

**论据 1：目前工作的经济收入低**

支持论据1的分论点：目前这份工作收入在一线城市很难维持正常生活。

论据 2：自己的性格不适合现在的工作

支持论据 2 的分论点：现在这份工作是文职工作，每天在办公室里打印和整理材料，很少与人交流，这与我外向的性格不符合。

论据 3：销售工作能给我更多的锻炼机会

支持论据 3 的分论点：未来我希望能做一些充满挑战的工作，而销售无疑是非常具有挑战性的。虽然以后的工资不会比现在高多少，但能让我得到更多锻炼。

论据 4：已经有公司向我抛出橄榄枝

支持论据 4 的分论点：现在已经有两家大的公司销售部门招人，他们都对我表现出强烈的兴趣。


例二

结论：中午我决定吃色拉

论据：首先，昨天我吃的是火锅，吃完之后上吐下泻，今天不能再吃重口味的食物了（主观因素）。其次，最近我在健身减肥，这周已经连续三顿都吃的大鱼大肉（主观因素）。再次，今天下午 1 点有一个重要的会议，如果吃其他的可能需要排队排很久，时间来不及（强调客观条件）。最后，听说楼下西餐店新推出了几款色拉，看过介绍我很有兴趣尝尝（主观因素）。

同样，用上面的思考模型，我们可以梳理如下：


结论：中午我决定吃色拉


论据 1：我的肠胃现在不好，需要吃清淡的食物支持论据 1 的分论点：昨天吃的是火锅，吃得上吐下泻肠胃不好，今天要吃点清淡的才行。

论据 2 ：最近大鱼大肉吃太多，我需要平衡膳食

支持论据 2 的分论点：最近我在健身减肥，可是一周下来我已经吃了 3 天大鱼大肉了，接下来需要有节制。

论据 3 ：时间紧急，午餐要快速解决

支持论据 3 的分论点：今天下午 1 点有一个重要会议，如果吃饭排队等太久势必会赶不上开会，而吃色拉不用等很久。

论据 4 ：有新口味的色拉推出

支持论据 4 的分论点：听说公司楼下色拉店推出了几款新口味色拉，看过介绍以后我很想尝尝。


例三

**结论：我现在应该立即租下这个房子**

论据：首先，这个房子离我公司距离不远，地铁只要 3 站路（强调距离）。其次，房东人很好，配给我的电器家具都是最新的（强调居住条件）。再次，房租很合理，相对于周边的房子，他的价格虽然贵一点点，但还算公道（强调价格）。最后，虽然这个房子周围生活设施不是很方便，但是一公里以外有一个大超市，我一次性买好生活用品就好（虽然不便，但是可以克服）。

这个例子，大家不妨用上面的思考模型试着分析看看。按结论、论据、分论点的顺序来依次梳理，思路就会清晰很多。

其实无论是谁，都会喜欢这样的陈述方法。这也是为什么当你给领导汇报工作的时候，他们绝不可能听你长篇累牍的解释分析，只会听你的结

论或者解决方法。当他们有兴趣的时候，会追问细节；当他们很忙的时候，他们只需要听到最重要的东西。

而当你养成这个习惯以后，领导将会非常喜欢听你汇报工作，因为他会觉得"你和我是一个频道的人"。

## 培养洞察

洞察（insight）这个词，在广告行业用得很多。它的意思是：事物的原因，原因的原因，原因的原因的原因。

换句话说，就像上一篇文章开头说到的，"花半秒钟就看透事物本质的人，和花一辈子都看不清事物本质的人，注定是截然不同的命运"。

你需要洞察的，就是事物的本质。

但是很可惜，洞察这个东西，没有理论和模型可以参考学习。我更愿意把它归结为在平时生活中养成勤于思考的习惯。

当你身在一个团队，处理一个项目，你可以思考的是不同项目之间的规则、相同之处和不同之处，通常做法和特殊做法，为什么会这么做，背后的驱动因素是什么等。

当你开始管理人的时候，你可以思考的是人与人之间如何和谐相处、自己是什么样的性格、适合与什么样的人一起工作、如何调动起手下人工作的积极性等等。

当你在一个行业浸淫时间比较久了之后，你可能会对这个行业有自己的理解，这时你可以思考这个行业适不适合自己、这个行业有什么问题、为什么会出现这样的问题、它未来的发展会是怎样等等。

所处的岗位不同，需要洞察的事物就不同。这个时候需要脑洞大开，不要给自己设限制，发散去想：

事物的现状是怎样的？

为什么会这样，造成这样的原因有哪些？

有哪些原因是客观因素，哪些是主观因素？

如果改变其中一个因素，事物会怎样发展？

如果改变其中两个因素，又会怎样发展？

……

培养洞察不能只依靠逻辑推理，更需要发挥想象力。而想象力这个东西，是训练不出来的，要靠平时的积累和勤奋思考。多问自己几个为什么，如果这样会怎样，如果那样又会怎样，久而久之，你的思维就会变得无比活跃。

我自己平时会有一个"资料库"，当我看到好的文章、图片、视频，甚至好的段子，我都会收集起来，这样保持自己的大脑里一直有新鲜的东西，当你试图洞察时才会有源源不断的灵感涌现。

以上就是培养高效的逻辑思维的四条心得，最后总结一下：

1. Be MECE

2. 归纳和演绎

3. 先说结论

4. 培养洞察

# 将简单问题具象化

我们来看以下两个问题：

1. 全中国一共有多少架钢琴？

2. 为什么你部门的销售业绩持续走低？

这两个风马牛不相及的问题，其实都是同一个解决思路。也就是今天给大家介绍的一种思维方法：

## 解构

解构，顾名思义就是分解。我们在生活或工作中遇到的任何一个问题，第一眼看到的都是表象。而隐藏在表象下的实质很少有人会去发现，这也是造成我们产生迷惑不解的重要原因。

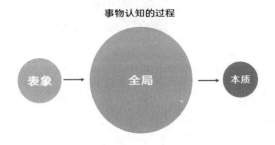

事物认知的过程

表象 → 全局 → 本质

如上图所示，由事物表象到全局的认知过程，通常就是我们最容易产生迷惑的阶段。因为在这个时候，我们不知道事物的全貌是怎样的，只能凭借看到、听到的零星信息来猜测，这个过程就好比雾里看花、盲人摸象。而当我们掌握了事物的大致全貌，开始进入由全局概况提炼关键信息的阶段，这个时候我们会从庞杂的信息中筛选出真正有用的信息，帮助我们发现事物的规律，不断进行归纳和总结，最终发现隐藏在事物后的真实本质。这个阶段就像管中窥豹、一叶知秋。那么如何用解构法来分析问题呢？

任何一个新事物或者新问题，当我们第一次看到它的时候，我们的内心独白可能是：

这是什么鬼？好复杂……

完全看不懂……

脑子里一片混乱，没有头绪啊……

我该从哪里入手……

可是呢，它很可能是这样的。

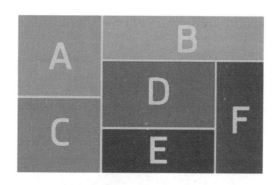

任何一件事，都有其重要的组成元素，解构就是将这些最简单的组成元素一一分解出来，寻找其中的关键因素和变量，从而找到问题的突破口。举个例子：

绝大多数时候，我们对一个问题产生困惑甚至畏惧，是因为我们所看到的表象是一个完全不熟悉的东西，它看上去庞大复杂而无解，可是一旦当我们像庖丁解牛一样把问题不断拆分，不断细化成一个个最简单的问题时，就又回到我们熟悉的领域。

**解构问题的过程，就像分解质因数**

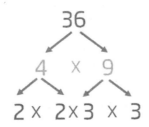

拿文章开头第一个问题举例：

1. 全中国一共有多少架钢琴？

解决这个问题，我们开始对这个问题进行分解。首先，既然问题是全中国一共有多少架钢琴，那么自然能想到的是，中国哪些地方会有钢琴？如下图所示：

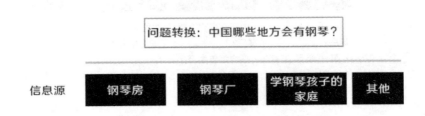

这里假设前三个因素（钢琴房、钢琴厂、学钢琴孩子的家庭）占据了全中国钢琴总量的绝大部分，将问题分解为这些信息源因素之后，下一步是分别找到这些信息的获得渠道，如下图：

## 问题1: 全中国一共有多少架钢琴?

| | 问题转换: 中国哪些地方会有钢琴? | | | |
|---|---|---|---|---|
| 信息源 | **钢琴房** | **钢琴厂** | **学钢琴孩子的家庭** | **其他** |
| 关键信息 | ·中国有多少个琴房?<br>·每一个琴房有多少架钢琴? | ·中国有多少个钢琴厂?<br>·平均每年生产多少架钢琴?<br>·平均每年销售多少架钢琴? | ·中国有多少个孩子学习钢琴? | ·中国每年从海外进口多少钢琴?<br>·中国每年没有销售出去的钢琴有多少? |

每一个信息源对应的问题都会有它的数据出处,想办法去找到这些子数据,最终汇总起来就是这个问题的答案。

## 问题1: 全中国一共有多少架钢琴?

| | 问题转换: 中国哪些地方会有钢琴? | | | |
|---|---|---|---|---|
| 信息源 | **钢琴房** | **钢琴厂** | **学钢琴孩子的家庭** | **其他** |
| 关键信息 | ·中国有多少个琴房?<br>·每一个琴房有多少架钢琴? | ·中国有多少个钢琴厂?<br>·平均每年生产多少架钢琴?<br>·平均每年销售多少架钢琴? | ·中国有多少个孩子学习钢琴? | ·中国每年从海外进口多少钢琴?<br>·中国每年没有销售出去的钢琴有多少? |
| 可能的数据出处 | 钢琴产业研究报告 | 钢琴产业研究报告 | 中国乐器协会、各省市钢琴考级情况 | 中国进出口贸易协会 |

另外,讲到这里有两个关键点需要着重提醒:

1.问题转换

把让你无从下手的问题，转换成可量化、有明确方向的问题，这是开始进行解构的关键。例如上一个例子中"中国有多少架钢琴"，这是一个听上去非常庞大、让人无从下手的问题。但是我们将这个问题转换成"中国有哪些地方会有钢琴"，实际上是对这个问题的进一步延伸解读，马上就让人有了思考的方向。通常进行问题转换需要抓住三个关键点：天时（时机）、地利（地点）、人和（人物）。

进行问题转换时的关键因素

时机　地点　人物

抓住关键因素，然后根据关键因素来进行问题的等量变换，如果你能将无从下手的问题变成可以逐条思考分析的问题，那么第一步就顺利完成了。

2. BE MECE

MECE 的意思是相互独立，完全穷尽。相互独立，意味着将能够影响问题的原因拆分成有明确区分、互不重叠的各个因素。完全穷尽，意味着全面周密，毫无遗漏。对问题进行分解时，一定要把所有你能想到的相关影响因素全部考虑到，保证完整周密，这样对后面的问题分析有重大帮助。接下来看第二个问题：为什么你的部门销售业绩持续走低？

首先我们进行问题转换，问题中的关键字是销售业绩，那么在一个公司对于销售业绩会造成直接影响的因素有哪些呢？做过市场营销的人肯定都知道，影响销售业绩的无非是以下几个关键因素：

## 问题2：为什么你的部门销售业绩持续走低？

| 问题转换：影响销售业绩的因素？ | | | |
|---|---|---|---|
| 信息源 营销推广 | 产品质量/价格 | 市场环境 | 竞品 |

对每一个信息源进行关键信息拆解：

## 问题2：为什么你的部门销售业绩持续走低？

| | 问题转换：影响销售业绩的因素？ | | | |
|---|---|---|---|---|
| 信息源 | 营销推广 | 产品质量/价格 | 市场环境 | 竞品 |
| 关键信息 | ·产品做了哪些营销推广活动？效果如何<br>·公司销售团队是否具备战斗力？<br>·…… | ·产品质量是否符合市场标准？<br>·产品价格是否有市场竞争力？<br>·…… | ·市场上对于这类产品的接受度如何？<br>·消费者对于产品是否存在需求？<br>·…… | ·竞争对手做了哪些事情？<br>·竞争对手的产品是否比我们好？<br>·…… |

然后每一部分关键信息对应的信息出处也一目了然：

### 问题2：为什么你的部门销售业绩持续走低？

| | 问题转换：影响销售业绩的因素？ | | | |
|---|---|---|---|---|
| 信息源 | **营销推广** | **产品质量/价格** | **市场环境** | **竞品** |
| 关键信息 | ·产品做了哪些营销推广活动？效果如何 <br>·公司销售团队是否具备战斗力？ <br>· …… | ·产品质量是否符合市场标准？ <br>·产品价格是否有市场竞争力？ <br>· …… | ·市场上对于这类产品的接受度如何？ <br>·消费者对于产品是否存在需求？ <br>· …… | ·竞争对手做了哪些事情？ <br>·竞争对手的产品是否比我们好？ <br>· …… |
| 可能的信息出处 | 市场和销售部门 | 产品部门 | 市场部门 | 市场部门 |

当我们像这样把问题以解构的方式拆解开来时，就会发现很多无以下手的问题。也正是当我们能够将一个表象的问题，通过解构发现全局的时候，我们就顺利完成了事物认知第一阶段的进化。

## 第一阶段，顺利完成

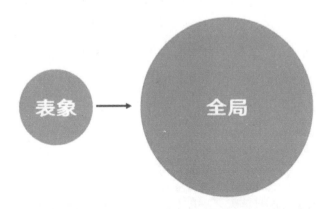

以上就是运用解构法分析问题的心得。下面介绍当我们把问题顺利解构之后，如何进行重新思考，从而发现事物的本质。

# 重塑：迅速发现问题的本质

上篇文章介绍了如何用解构法将复杂的问题具象化，接下来我们要从解构后的因素中找到事情的本质和洞察，这就涉及另外一种重要的方法：重塑。

重塑就是重新塑造。如果说解构法是将简单的事物具象化，那么重塑法就是把具象化后的事情重新归整为简单。解构和重塑合起来，通过抽丝剥茧和归纳重设，让事物的本质最终脱颖而出。这个过程就好像侦探探案，表象是犯罪现场，全局是线索，本质就是真相。

而在重塑法中，有一个重要的概念，借用数学上的一个名词进行说明，叫：合并同类项。

以数学中的合并同类项为例：

# 合并同类项

## 将具备相同属性的事物合并为一类

举例：
4a+3b-2c+3a+6d+6b-d=x

合并同类项：
(4a+3a)+(3b+6b)-2c+(6d-d)=x

重塑：
7a+9b-2c+5d=x

我们可以把这个方法抽离出来，来对复杂的问题或者事物进行分类。比如：

下面这些是不是让你看得一团乱？

我们假设上图中的这些色块，分别代表着形成复杂事物的基本单元，接着让我们运用合并同类项的方法将它们变形：

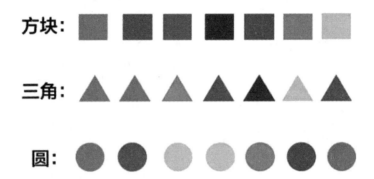

经过这样的转换，之前复杂的问题，是不是清晰、有条理了许多？

合并同类项技巧的关键，在于分类的维度。选取好维度之后，将手上的信息按照维度的区隔将它们分门别类放在不同的区间之中，这样再复杂的事情也能瞬间变得清楚和简单。

再举个例子，日常工作中的任务，通常我们可以按照"重要"和"紧急"两个维度进行区分。"重要"代表的是价值，"紧急"代表的是时间。

按照这两个维度，我们可以将工作分为四类：

1.很重要，很紧急；

2.不重要，很紧急；

3.很重要，不紧急；

4.不重要，不紧急。

那么假设你今天的工作任务如下：

a. 帮老板买咖啡；

b. 回复重要客户的邮件；

c. 帮隔壁组的同事整理下个月的报表资料；

d. 整理昨天的会议纪要文件；

e. 下班晚饭时间见一个潜在客户；

f. 收集下午 5 点开会时要用的数据资料；

g. 完成年度工作总结报告。


让我们开始合并同类项：

1. 很重要，很紧急

b. 回复重要客户的邮件；

f. 收集下午 5 点开会时要用的数据资料。


2. 不重要，很紧急

a. 帮老板买咖啡。


3. 很重要，不紧急

c. 帮隔壁组的同事整理下个月的报表资料；

d. 整理昨天的会议纪要文件；

g. 完成年度工作总结报告。


4. 不重要，不紧急

e. 下班晚饭时间见一个潜在客户。

通常二维划分是最简单的区隔方法，再往后会有三维划分、四维划分、五维划分等，依据事物的复杂情况和你的分析需求而定。例如像下面这个情况，就属于多维合并同类项：

## 多维度的合并同类项

| ·姓名：王志 | ·姓名：江云 | ·姓名：张曼 |
|---|---|---|
| ·性别：男 | ·性别：男 | ·性别：女 |
| ·年龄：28 | ·年龄：25 | ·年龄：23 |
| ·月收入：15000 | ·月收入：8000 | ·月收入：5000 |
| ·出生地：上海 | ·出生地：北京 | ·出生地：哈尔滨 |
| ·学历：硕士 | ·学历：本科 | ·学历：本科 |
| ·姓名：韩玲玲 | ·姓名：李晓磊 | ·姓名：张耀文 |
| ·性别：女 | ·性别：男 | ·性别：男 |
| ·年龄：22 | ·年龄：33 | ·年龄：38 |
| ·月收入：4000 | ·月收入：20000 | ·月收入：50000 |
| ·出生地：沈阳 | ·出生地：苏州 | ·出生地：杭州 |
| ·学历：大专 | ·学历：博士 | ·学历：博士 |

有兴趣的话可以设置一些维度标准，比如：

1. 出生在北方的人有哪些？（地域维度）

2. 月收入 10000 元以上的人有哪些？（收入维度）

3. 学历硕士及硕士以上的有哪些？（学历维度）

······

总而言之，合并同类项只是帮助我们完成对信息的初级筛选。它让我们把杂乱无章"解构"过的信息，有条理地罗列出来。还是拿侦探探案做比喻，这就像我们在犯罪现场找到了诸多的线索，然后把所有的线索按照类别钉在墙壁上，彼此之间可能还有互相的连线来表示各事物和人物之间的关系一样。然而这只是发现事物本质的基础，想要更进一步去找到事情的真相，我们需要做下一步动作：提出假设。

根据已有的线索信息，结合自己的实际经验，提出一个假设。例如还是前面那张多维度的图。

现在我们发现一个现象，就是这些人的月收入和他们的年龄以及学历成正比，因此我们可以得到一个很简单的假设：

年龄越大、学历越高的人，收入越高。

这是一个根据目前的信息发现的一个共性事实，而根据这6个人的个别共性，我们推断出了一个整体共性。接下来要做的，就是去验证这个假设。那么如何验证呢？去找更多的样本，询问更多的人，看看他们的收入状况是否符合"年龄越大、学历越高的人，收入越高"这个假设。如果符合，那么这个假设就可以变成一个结论或者说，真相；如果不符合，那么就要重新提出一个新的假设，然后去论证。

着重说明一下，以上只是介绍这个方法，即"提出假设—论证假设—推翻假设—再提出假设—再论证假设"这个循环过程，实际例子中收入和很多因素相关，我们不必纠结以上这条关于收入结论的正确性。

在日常工作中，经常会通过大量的事实来总结出一个共性的规律，比如说：人气高的蛋糕店一定有1~2款特别受欢迎的蛋糕，而其他款式买的人并不多，两者之间的比例大概是8：2。得出这个结论之前，我们会收集大量的、按照特定维度来分类的事实和数据资料。比如连续观察一周内蛋糕店客户的点单情况，顾客在网上对蛋糕店的点评，蛋糕店促销活动的销售数据等。

用合并同类项来将信息进行归类，用提出假设来找出事物发展的规律和洞察。这就是通过重塑法来发现事物本质的两个重要准则。

# 工作中你要学会化繁为简

我一直崇尚高效的工作。但在日常工作的很多时候，我们容易被海量信息和数据所累，造成思考问题的时候总是抓不到关键点。这个时候，化繁为简能够帮助我们将信息进行结构化的精简处理，从而找到问题核心。

那么高效的化繁为简是什么意思？

将重复、不相关、不重要的全部剔除，只保留与目标最相关的因素，并将它们按照叙事性的逻辑结构重新组合。

这段话有三个关键词：剔除、目标和叙事性。

剔除很好理解，就是做减法。但这里的剔除并不是指把让你不舒服的东西都去掉，而是把所有会对我们判断产生干扰的因素全部删除。

比如现在需要策划一个饮料品牌的市场营销传播战役，应该如何下手？

通常策划一场市场营销传播战役所涉及的方面非常复杂烦琐，初级人员在考虑这个问题的时候很容易局限在某一点或某几点上，缺乏全局性思维。就如同一直在迷宫边缘打转，始终找不到入口一样。

这个时候就需要和目标相结合，将所有不能对目标产生直接影响的信息和因素去除。假设这次的市场营销传播战役的核心目标是：

扭转消费者对其老旧的品牌形象认知，让品牌重焕活力，更加年轻化。

基于这个目标，你需要开始做减法，剔除所有干扰你完成这个目标的信息和影响因素。这里面包括：

## 重复的因素：合并

都在叙述一个问题，只是从不同角度展开而已。比如包装过时，广告语古板，代言人年纪大了，这些都属于品牌沟通调性陈旧。因此只用列出"品牌沟通调性老旧"就能够一言概之这些问题，将重复的信息精简，将相同属性的因素进行归纳总结。

## 不相关的因素：删除

这种情况多出现在面对海量的背景资料中，很多时候它们能让你了解一片湖，可真正对你有用的只有一碗水。比如过去的销售渠道单一，比如未来将并购其他饮料品牌。这些属于商业战略的问题，和"如何使品牌年轻化"这一目标没有关系。判断的标准就是看各个因素是否和你的主要目标有关，如果没有关系就果断删除，不要犹豫。

## 不重要的因素：删除

和目标并不直接关联的因素，即它们不能和目标之间形成一条简单的逻辑关系链，但是它们可能间接和目标有千丝万缕的联系，只是我们不能使用"因为 A，所以 B"这样的叙述方式来描述而已。比如，市场推广预算不足，这可能只是造成品牌年轻化道路上的一个间接障碍（品牌重塑是一个浩大的工作，需要长期大量的市场预算支持），那么这一点就可以暂时放在一边不去考虑。

剔除了以上的这些干扰信息之后，很可能最后留在你纸上的关键信息是下面几个：

1. 品牌的沟通调性陈旧；

2. 消费者体验单一；

3. 品牌缺乏参与感和娱乐感；

4. 年轻消费族群特征；

5. 媒体消费习惯的变迁；

6. 竞争对手动向。

精简思维很大的一个作用就是，一开始就让你从一个或者几个准确的点开始思考问题，然后逐步由点成线、由线成面。

在找到最核心的关键因素之后，你需要根据它们来构思你的故事，用叙事性的逻辑思维将你的思路娓娓道来。

还是上面这个例子，在精简之后我们的分析可以用下面一段话来概括：

随着年轻消费族群的日益崛起，越来越多的品牌开始主动改变以往的市场传播方式，品牌参与感和娱乐化的消费体验越来越受到重视。数字媒体的碎片化和多元性对给市场传播造成前所未有的挑战。品牌从过去的市场传播主导者，逐渐变成了参与者。我们曾经取得了巨大成功，但是改变的时机已经到来，这不仅仅是更换一个更时尚的代言人或者重新设计一款产品包装、抑或更换一条广告语就能一劳永逸解决的问题。我们需要重新审视品牌的整体体验，从每一个品牌接触点开始进行革新。

这 200 字左右的一段话，在一份市场传播方案里你可能会用二三十页的 PPT 来详细解释。它囊括了消费趋势分析、竞争对手分析、媒介行为分析、品牌自我审视，同时为接下来的传播策略开了个好头。

这是信息精简之后，留下来的核心内容。如果和老板进行汇报，他没有时间听你讲那么多内容，那么这一段话就足以在开头引起他的注意。

在运用叙事性的逻辑时需要注意以下几点：

## 故事的完整性

保证你的叙述具备故事的基本元素：背景、角色、冲突、过程和结果。其他四个都很好理解，重点讲一下冲突。冲突是完成目标途径中的障碍，是对立矛盾的直接体现。精彩的故事一定有冲突存在，一帆风顺的故事不会提起听众的兴趣。在上文的例子中关键冲突有 3 个，分别是：


1. 品牌陈旧的沟通方式和年轻消费者信息接收行为之间的不对等；

2. 竞争对手的积极变化，他们开始不断抢占市场份额和消费者；

3. 媒体环境的巨变使得过去粗放式的媒介计划已经不能适应市场的变化。

找到了关键冲突，也就找到了问题的本质所在。化繁为简的目的，就是抛去干扰因素，让你不断聚焦最简单的关键因素。

## 故事的连贯性

使用逻辑关联词语，按时间以及事物发展的先后顺序（演绎），或者分门别类的顺序（归纳）们将故事的基本元素串联起来。

### 故事最终的结局，最后留在听众脑海里的是什么

讲完故事，你需要在听众的脑海中植入一个观点或概念。这是你叙述故事的核心目标。你希望听众在离开自己的座位回家以后，能够记住你故事的哪一点？哪句话？这个在讲故事之前就要给自己预设好。比如在上面的例子中，最终的核心观点是：

我们需要重新审视品牌的整体体验，从每一个品牌接触点开始进行革新。

之前所有的故事内容都是为这个结论做铺垫。

《广告狂人》是我非常喜欢的一部美剧。里面有一场演讲，讲述男主角在客户柯达的会议室里如何卖自己为柯达幻灯机做的创意的。我把他演讲的台词摘录如下：

科技是种闪光的诱惑。

但往往有时候，大众追求的是比光鲜亮丽更高层次的意境：与产品产生某种感情的组带。

广告最重要的是"创新"，创造出一种渴求（瘙痒处），你只需要将产品如"止痒水"一般，介绍给有所需求的顾客。

人与产品之间的深层组带是"怀旧之情"，非常微妙，但却颇具影响。

在希腊语中，"怀旧之情"这个词的意思就是"旧伤口的隐痛"，比回忆更为有力的心中刺痛。

这个机器，并非太空船一般高新。而是一架时空机，往返过去与现在，带我们去了一个勾起痛楚的地方。这不叫"轮子"，

而叫作"旋转木马"。它让我们用孩子的方式来旅行,一圈又一圈,又回到了家,回到那个我们被爱着的地方。

这段故事的核心观点是:我们卖的不是一台放映机,而是怀旧之情。而这段"故事脚本"就是对信息分析工作的一次精彩的精简和创意的陈述。

那么如何培养化繁为简的思维方法,我的心得有三条:

### 第一条:锻炼全局眼光和框架思维

我很喜欢提纲这个东西。比如大家现在正在看的这篇文章,写之前我是构思了一个结构提纲的:

第一部分:抛出观点,解释什么是化繁为简;

第二部分:举例说明,以工作中的一个项目为例解释如何运用化繁为简;

第三部分:日常训练,如何培养化繁为简的能力。

提纲提供的是框架性思维,是看待事物的角度和方法。它关注的是全局,而不是纠结于单一的细节点。就好像设计一栋建筑,首先必须有图纸一样。图纸就是建筑设计师的提纲。它强调的是组建成事物的基本要素,是各大关键点。它不是美丽的珍珠,而是串起珍珠的那根绳子。

我自己训练框架思维的方法很简单,找到最喜欢读的书或者电影,尝试着用最简练的语言(150字左右)概括它们的核心剧情或者内容。比如《西部世界》这部美剧,假设我们的目标是吸引没有看过的人读完剧情简介后去观看,那么第一季10集的篇幅,一段话剧情可以这样概括:

在遥远的未来,人们建立了一座由高智能机器人组成的游乐园——西部世界。在这里游客能体验真实的杀戮和主宰世界的快感（故事起源和背景）。突然有一天园区中机器人的自我意识开始觉醒，它们开始脱离电脑的设定（冲突1），另一方面，这个园区背后的设计者也在策划着不可告人的事情（冲突2），与此同时一名神秘的黑衣人也在大肆屠杀园区里的机器人（冲突3）。而故事的主角在经历了各种考验之后，最终发现了这个乐园的秘密（过程和结果）。

我们也可以找出自己喜欢的电影或者书籍，用前面提到的方法概括剧情，进行精简训练。

## 第二条：找到关键因素，组成你的故事

面对摊在桌子上的一大堆信息资料，你需要判别出哪些是和目标最直接相关的信息。先把它们摘出来，拿一张白纸，把它们一一写下来。然后思考这些因素是否能构成你的故事，如果有缺失，再去原来的资料库里找。如此反复，直到它们能够在你脑海里形成一个完整的故事链。

## 第三条：学会自圆其说

当你完成了精简工作，删除了不必要的元素，组成了你的故事，这时还差最后一步，就是复查。你需要检查你的故事是否有前后矛盾，是否前面挖过的坑后面没有填，首尾是否形成呼应。如果你觉得自己当局者迷，可以把你的故事先讲给身边的朋友或者同事听，看看他们是否完整了解到你想要传递的信息，记下有缺失或误解的地方回去重新补上。总之，你的故事必须自圆其说，尽可能减少逻辑上的漏洞。

# 迅速掌握提议诀窍

麦肯锡有一个著名的 30 秒电梯理论，即在与客户同乘电梯的 30 秒之内说服对方接受自己的方案。这里的"电梯 30 秒"不仅仅指的是电梯，更泛指一个"关键场景"。在这个场景里，你只有一次机会，只能成功，不能失败。

其实不光是咨询行业，任何行业工作的任何一个场合，高效的提议能力都能极大地提高沟通效率，降低沟通成本。乔布斯每次在苹果新产品发布会上的演讲，都可以视作一次高效的"提议"。除了展现苹果产品的优越性，这更是一次精彩纷呈的"说服"。他要说服的对象有媒体，有消费者，还有竞争对手，但是他的演讲 PPT 却非常精练、简洁。实际上他深谙高效提议的套路，总能在最短时间里抓住受众的注意力。

那么回过头来，如何提高我们的提议能力呢？可以从以下两个角度依次切入：

1.What：你的提议是什么？

2.Why：为什么对方要接受你的提议？

我们正常说话的速度是一秒 4 ~ 5 个汉字，那么在电梯 30 秒场景里，将有 120 ~ 150 个字的容量来装下我们要陈述的信息。所以 What 和 Why 将是重中之重，必须保证这两点充分陈述到位。

What：你的提议是什么？

这应该是一句话就能说清楚的事情。并且这句话要让对方听完之后能够明确了解你要建议他做什么。

这句至关重要的话里，需要包括主语（做出行动的主体是谁）和谓语（做出怎样的行动）。例如：

a. 贵公司应该削减 50% 在 A 领域的资金投入，并准备进入 B 领域；

b. 公司技术部门需要增加起码两名 Java 程序员；

c. 我们应该放弃这个客户的项目竞标。

上面三句话就是典型的"提议"型话术。里面包含明确的主语（贵公司 / 技术部门 / 我们），包括明确的谓语（削减 50% 资金投入 / 增加 Java 程序员 / 放弃客户的项目竞标）。这样的话说出口，对方对你的建议一目了然。

组织好提议话术的关键在于以下两点：

第一，了解清楚对方的背景，在事件中处于怎样的地位。

这决定了你的提议要传递出怎样的信息。"电梯 30 秒"场景并不仅仅是指电梯里那 30 秒时间，在"进电梯前"和"出电梯后"同样有许多重要的准备工作要做。

对方的背景和目的，就是你在"进电梯前"需要了解清楚的。比如上面例子中的第一条："贵公司应该削减 50% 在 A 领域的资金投入，并准备进入 B 领域。"这句话针对的对象是高层决策者，是企业的掌舵人。这种人通常把握整个企业的运转方向，他们看的是宏观层面的大趋势而不是事无巨细的执行细节。决定企业下一年的投资方向无疑是举足轻重的大事件，这样的话就不适合对一个中层经理去说。

再比如上面例子中第二条："公司技术部门需要增加起码两名 Java 程序员。"这句话显然对应的是公司技术部门的主管以及主管的领导，甚至 HR。因为这是公司日常招聘流程中的一环，相关利益方首先是技术部门，其次是其他的项目部门，最后是 HR 行政部门。这样的提议就不适合直接对企业的高层决策者去说，因为他们的工作并不会涉及如此细节。

考量清楚对方的背景和角色，说"对方会关心的"的提议。

第二，用词一定要具体、准确，避免模糊、容易引起误解的词语出现。

提议话术中的用词一定要落实到具体行动中，不能有模棱两可的词语出现。比如：

> 我们是不是应该……
>
> 或许……
>
> 我猜……
>
> ……也可以
>
> 观察一下……
>
> 研究一下……

这些都属于"无结论型"词语，尽量不要用到提议中，因为会给对方造成"你自己都不确定该不该这样做"的印象。既然如此，那么请你想清楚以后再来说。"结论型词语"有哪些？例如：

放弃 / 保留

继续 / 停止

增加 / 削减

进入 / 撤出

去 / 回

开展 / 暂停

接受 / 拒绝

这些带有明确动作指向性的词语，就叫结论型词语。另外，为了加强提议的可执行性，可以加入数字来进行具体描述。比如：

增加 50%；

削减 80%；

未来 3 年进入……；

增加 2 名……；

开展 5 个月……；

这样会让你的提议显得更加具体。

最后要说的是，提议性话术在"电梯 30 秒"的场景中起到开篇点题的作用，所以一定要精练、准确。一句话的长度最佳，通常在前 10 秒钟内一定要叙述完，这样才能为下一部分的内容预留出充足的时间。

Why：为什么对方要接受你的提议？

说完了提议，在"电梯 30 秒"场景中，你还剩下大概 20 秒的时间进行提议的说服工作。接下来的这 20 秒才是一决胜负的关键时刻。如何组织这 20 秒的语言，我的建议是：

找到 2 ~ 3 个对方最关心的利益点，结合你的提议进行说服。

这其中更多的工作其实是在"进电梯"之前就要完成。如果说"电梯 30 秒"是上战场准备拼刀枪了，那么"进电梯"之前就是战前会议，就是沙盘推演。

这个阶段需要做大量的背景调查工作，找到对方最关心的相关利益问题，然后进行逐步的破解。

比如现在你要说服客户接受你们提交的办公 IT 系统升级方案。在找到客户公司的重要决策人之前，你四处打听得到如下几条重要信息：

1. 一年前客户使用 B 公司的方案，多次出现系统宕机情况，造成办公室内部邮件系统瘫痪，但是当时 B 公司派人来解决花了一个星期。（系统稳定性）

2. 客户公司今年财务政策紧缩，拨在系统升级上面的款项可能会较去年有所减少。（价格竞争）

3. 客户公司即将搬迁到新的产业园区，届时 IT 系统可能需要全部重新搭建。（安装时效性）

通过以上信息，你得出结论：客户需要的解决方案是能够快速上线，拥有强大的稳定性，需要 24 小时的专业维护，并且具备高竞争力价格的 IT 系统方案。

在找到客户决策人的痛点之后，你的"电梯 30 秒"提议可以这么陈述：

陈总您好，我建议您可以考虑我们公司的 IT 系统方案。我们方案最大的特点是具备极强的稳定性，能够支持庞大的信息数据流通，行业里的 Q 公司、W 公司、K 公司均在使用我们的产品。同时我们 24 小时配有专人维护，出现问题随叫随到。而我们的系统搭建和调试上线时间能够保持在 5 天之内，但整体价格比同行低 20%。

整个提议不超过 150 个字，刚好控制在 30 秒之内。

这一阶段的制胜因素在于，对核心利益问题的分析，也就是通常我们说的"痛点挖掘"。痛点找得越精准，说服的难度就越低。找到了痛点，剩下的就是高度概括，给出足够充分的理由来支持你的提议。

在这个过程中，同样有两个小技巧能够加强你的说服力。

## 展现数字

数字是最直观的效果展示工具。上面例子中"24 小时""5 天之内""低 20%"都是强有力的说服证据，能够给人最直观的感受，加强对方对你提议的理解。

## 对比和衬托

同样给对方带来直观感受。上面例子中"行业里的 Q 公司、W 公司、K 公司都在使用我们的产品"就是典型的衬托，证明公司的产品已经在市场上得到了广泛的认可。而"价格比同行能够低 20%"就是典型的对比，反衬出产品的价格竞争力。另外，"我们 24 小时配有专人维护，出现问题随叫随到"其实是一个隐形对比，对比的是过去客户使用 B 公司产品，结果因为系统瘫痪而得不到及时有效救援的这个事实，暗中踩中了客户决策者的痛处。

以上就是高效提议的通用方法。想要提高自己的提议能力,光有方法还不够,更要注重平时的练习。做好"进电梯"前的准备,才能在"电梯里"胸有成竹、有的放矢。

# 不要迷信模板和工具

我在做策略咨询工作时，非常笃信工具的力量。那时候麦肯锡的工具模板曾经是我的"圣经"，我每天都要抱着这模板研究半天，然后照猫画虎地运用在日常工作里。

从效率上讲，这是一条捷径。用前人已经证明过的东西显然比自己去开发要高效得多。但随着时间的增长，接触的工具越来越多，我却发现它们之间并没有本质上的区别。举个例子，每家广告公司或者品牌咨询公司都有自己的一套品牌分析的工具，有的是一个环形，有的是一个三角形，有的是正方形。初次看，会觉得各有不同，但是如果仔细研究各家工具的组成元素，会发现大家都是一样。我的职场导师曾经在知名品牌咨询公司 Interbrand 工作过，她传授给我的市场分析工具围绕在四个要素上：

1. 行业趋势。

2. 竞争对手。

3. 消费者洞察。

4. 企业自身优势。

我后来又接触过大量的市场分析工具，发现都逃脱不出这四个要素，只不过换了说法而已。比如把行业趋势叫作"产业宏观发展"，把竞争对手叫"竞争区间分析"等。这启发我开始思考"工具"的本质和意义。

美剧《西部世界》里有一本书，叫《二分心智的崩塌：人类意识的起源》。它的作者是20世纪70年代美国非常著名的一位心理学家。在书中，他通过研究告诉人们，远古时期人类的行为都是"无意识"的，直到他们学会了类比和联想两项非常重要的能力，从而开发出了一系列实物的和非实物的工具。

类比，是用已知的方法，去解决新的问题。

联想，是通过眼前的事物，关联想起和它类似的事物。

随着时间的推移，人类的这两项能力不断进化，并在周遭环境的变化下孕育出各种复杂的科学学科，直到今天。

这给了我一个启示，工具的发明是来自我们对外界事物的"元认知能力"。通过观察事物的变化规律，然后运用类比和联想来找到共性，最后抽象总结出规则。

比如物理学上著名的牛顿定律，就来自牛顿发现苹果掉落之后的类比，他发现生活中的许多物件都有类似的现象，进而深入探寻，找到规律；再比如市场营销学上著名的4P模型，就来自对大量商业案例的研究，通过联想找到共性因素而总结出来的营销四要素。

而很多在我们表面看来是完全不同领域里的规则，究其本质都能同本溯源。

感悟到这一点后，我开始反思自己工作这些年来接触的大大小小的工具，发现万变不离其宗。不同的工具只不过换了一层皮，内核都是相似的。拿我刚开始工作时顶礼膜拜的麦肯锡工具模型举例，100多页的PPT

工具模板实际上只用了"演绎"和"归纳"两种思维作为基础，从而衍生出各类不同的组合。而其他咨询公司比如 BCG、埃森哲的分析工具，也都大同小异，脱离不出逻辑思维的基本套路。

许多时候我们忽略了这一点，把时间大量花费在不同工具的找寻、学习和研究上，却忽略了工具背后的思想，这看似提高了工作效率，实际上是在重复做功。

工具既帮助我们思考，同时又限制了我们思考。过多的工具让我们把简单的问题复杂化，过度地使用工具让我们掉进迷信模板的陷阱里，思维渐渐固化。我曾经的一个同事就非常迷信大公司的战略分析工具，碰到任何一个案例都喜欢套用模板，可一旦碰到一个背景特殊或者缺乏某些要素的案例，他就不知道该如何走下去。

不会变通，是过度迷信工具的必然结果。因为我们面对任何一个新事物，都会从已知的经验里寻找熟悉的参考系来理解。这是思维惯性，也是思维工具诞生的雏形。因为工具，就是在大量的观察和经验基础上，总结出来的一套规则。

但是前面说到，工具的诞生是基于对大量事物的观察，运用类比和联想总结出的规律。随着时间的推移，或者碰到新事物时，规律也会发生相应的变化。工具适用的领域也会随之改变，过去的工具已经无法适应新的形势，才会让我们觉得以前的工具"不适用"了。

比如经典的牛顿力学三大定律，就是典型的通过观察、推理、演绎论证，最后得出结论。但它只适用在经典力学领域，随着时间的推移，人们发现当物体的速度接近光速的时候，这套定律就不适用了。

这时我们并不应该继续往前冒进，寻找新的工具。而是应该往后退，回到最基本的元认知能力：类比和联想。运用这两项能力，去开发新的思维工具。

爱因斯坦就是在发现牛顿经典力学定律无法适应光速粒子的运动后，从哲学书籍中得到灵感，用类比的方法尝试将"相对性"的概念嫁接到微观物理世界，最后发展出了闻名世界的相对论。

在工作中就更是如此。与其去"学习"那么多复杂的工具模板，倒不如探求其背后的思维本质，然后运用"类比"和"联想"来自己创造工具。那么该如何通过探求思维本质以创造新的工具呢？对此我有两点心得：

## 寻找共性，反思差异性

用旧知识的概念或学习方法来理解新知识。比如 A 是已知的知识或概念，B 是全新的东西，那么找到 A 和 B 两者的共通点，然后从 A 身上挖掘已经被证明的、行之有效的规则，再推演到 B 身上看是否成立。同时，找到 A 和 B 之间的不同之处，反思其是否对 A 造成其他的影响。

举个例子：作为一个在品牌营销领域工作多年的人，去理解互联网产品开发，会觉得是一个风马牛不相及的事情。但如果你仔细深究产品开发背后的逻辑，会发现两者之间有相通也有不同。

### 相通之处

产品概念开发阶段，也要进行市场趋势调查、用户行为分析、竞品产品分析等，这和品牌营销工作是一样的。因此可以运用品牌定位的思路来对互联网产品进行诊断分析，找到对用户独特的销售利益点（比如特别的功能或者满足用户某种特殊的情绪需求）。

## 不同之处

传统品牌营销是基于长久的努力而积累起来的品牌资产，这和互联网行业日新月异的发展特性是相违背的，很可能花一年时间辛苦建立起了产品的品牌印象，第二年市场风向突然变了。因此互联网产品，也需要用"快速迭代"的思想去改良品牌营销的方法，来适应消费者不断变化的需求。

用已知的方法和思路（而不是模板）解决未知的问题，能够大大提高我们的思考效率。那遇到不能解决的新问题怎么办？我的第二点心得就是：

## 善用假设—论证—再假设的思维推导过程

这是广泛适用于数据分析和科研领域的一种逻辑思维方法。在基于大量事实观测的基础上，总结出背后的共性规律，然后推演到更大规模数据的样本上，看是否成立。如果不成立，反推回共性规律，找到新规律。如此反复循环，直到结论成立为止。

关于这一点，我常用"三问法"来构建新的思路：

1. 这些已知的事实背后有什么相同的动机或原因？

2. 你能否从中抽离出关键因素，组成事物的"因果模型"？

3. 这个"模型"中，替换掉现在的因素，能否推广到其他类似的情形中？

假如你现在是一名销售员，需要向你的商户推广公司新上线的一款外卖 APP，可能在跑过市场之后，你得到了许多信息（为了表述方便，我简略了许多条件，实际情况并不是如此）。按照三问法总结如下：

1.已知事实背后的动机

在商户走访中，了解到大部分商户在高峰期自己店里的生意都顾不过来，不会花更多成本去做外卖。而且自己店里人手通常都不够。

2.能否从已知事实中抽离出关键因素，组成因果模型？

非高峰期的高客流转化加低成本的物流的解决思路，或许可以促使商户选择使用外卖APP。

3.这个模型，是否能够推广到其他更多的情形中去？

尝试针对商户开展"非高峰期送餐优惠"活动，同时和同城快递公司合作，通过大量订单来降低单位物流成本。最后将它们打包成一个解决方案，去和更多商户协谈。

以上就是假设—论证的运用。需要注意的是，如果第三步中这个解决方案并未得到商户认可，我们还需要重新回到第二步甚至第一步开始构建模型，这就是"再假设"的过程。

在这个例子中，我并没有使用任何已有的工具模型，而是从现有事实中抽离出我认为可能的关键影响因素，然后把它们组合在一起，提出新的解决思路。一旦形成了这个习惯，我们在未来工作中遇到任何问题，都能自己找到突破口，而不再依赖模板和工具。这就是独立思考的魅力。

# 牛人都是这么做日常沟通的

我们先来看下面两个场景。

场景一：你在和好朋友聊天。聊着聊着她突然说：你知道吗？最近 Linda 跟她男朋友又闹分手了，那个第三者还没放手，说已经怀了男方的孩子，Linda 也不是省油的灯，据说她已经开始调查这个人了。镜头切换到你，你不知道什么第三者，也不知道你的好朋友 Linda 要分手，更不知道还有一个孩子，事情的来龙去脉你一无所知，当你朋友把这些一股脑儿跟你倒出来的时候，你觉得信息量太大需要捋一捋。

场景二：你被突然叫去参加一个会议。会议室里坐了七八个人，大家你一言、我一语讨论得热火朝天，你完全不知道前因后果，不知道发生了什么事情，而你手头还有别的工作亟待完成。会议结束，你的老板突然跟你说：刚才大家说的你都记下来了吧？这个新项目需要你来协助，你先把工作内容规划整理一下。你听完不知所措地愣在那里。

以上的情形在工作和生活中我们经常会遇到。当我们在和别人沟通一件事时，如果信息量太大，往往会让听者完全摸不着头脑，不知道你想要讲什么。同样的，当我们在听别人叙述一个信息庞杂的事情时，如果对方讲得没有条理，我们也会听不下去。

这就涉及一个高效沟通技巧的问题。如何让自己的表述沟通更有条理呢？首先，任何一个事物的叙述逻辑，都可以分为两种：时间线式和分部式。

时间线式的叙述，要将事物的发展按照以下逻辑进行拆解：

**起因（背景）**

事情因为什么而起？

**发展**

事情发展到了什么阶段，有哪些重要的标志？

**结果**

事情发展到最后，产生了什么结果？

**未来**

这个事情发生之后，未来会接连造成哪些局面？

所以文首的例子，按照时间线式的叙述逻辑，可以这么来讲：

Linda 之前谈了一个男朋友叫 Will。他们在一起两年了，感情一直很好。直到上个月的时候，Linda 突然在 Will 手机里发现了一个叫 Lisa 的女人，然后她还发现 Will 和 Lisa 之间有持续的信息往来。（起因背景）

这件事 Linda 一直瞒着 Will。她知道 Will 爱玩，但对她一直是"真心真意"，她以为 Will 只是和 Lisa 在夜店认识，两人和朋友喝酒出来玩玩而已，并没有太放在心上。直到突然有一天 Linda 接到了一个电话，对方是Lisa，说自己已经怀了 Will 的孩子，让 Linda 跟 Will 分手。（发展）

Linda 听到这个消息崩溃了，马上去找 Will。没想到 Will 死不承认，

说跟这个 Lisa 根本不熟，两人只是朋友介绍在酒局上认识而已，平时发消息也都是工作上的一些往来。（结果）

Linda 还是不信，于是花钱找人去调查这个叫 Lisa 的女人。到时候还不知道 Linda 会怎么处理这个事情。（未来）

这样说，无论对方对这件事知道多少，都会觉得非常清楚，交谈可以顺利地进行下去。

说完了时间线式，再来说分部式。分部式的叙述逻辑遵循总分的原则，即叙述一个事物时，把它拆分成不同的子事物进行分别叙述。分部式将一件总事物按照一定的属性进行拆分和归类。例如按照人物（以某个人物的视角进行经历叙述，典型的例子如《权力的游戏》中的 POV 人物叙述法），按照发生的地点（发生在同一地点的事件集合），按照事物主体的性质（例如按照部门分类，按照行业分类等），分别进行说明。就好像我们看电影小说里不同主角各自的故事线一样。分部式通常会和时间线式的叙述相结合，比如像前面第二个例子，我们就可以这样进行叙述：

这次会议讨论的主题是 A 客户接下来三个月的市场宣传方案的修改问题。上周我们已经给客户进行了第一轮提报，总体而言客户比较满意，但有些地方我们需要进行调整，所以今天把各部门的同事召集到一起，就各自需要修改调整的地方进行说明。（起因背景，即总事物）

创意部门：客户对创意方向还有一些考虑，建议我们尝试从社会新闻事件的角度去切入，通过以小见大的方式来表现创意内容。创意对接人为 Endy。（子事件 1）

策略部门：竞品调查还缺失几个案例的研究，会后客户部门的 Emma 会整理具体的列表出来。策略对接人为 Jame。（子事件 2）

技术部门：客户对于 H5 中的 3D 旋转功能有顾虑，担心加载过慢影

响用户体验，我们看看是否有别的替代方案。这个部分的技术对接人为
Tony。（子事件 3）

客户服务部门：Emma 将今天讨论的问题记录下来，会后会发出会议
记录，各部门同事请根据上面的要求进行各自方案的修改。两天后我们再
开会汇总一次。感谢大家的鼎力配合！（子事件 4）

假如你是 Emma，这样的表述是不是让你对自己的工作内容有了更加
清晰的了解？各部门对接人清楚了，自己的职责范围也比较清楚，就不会
手忙脚乱。

上面介绍的这两种表达逻辑，我们可以在工作和生活中多多运用，不
仅是面对面沟通，在写方案、做演讲、写文章时都可以用到。除此之外，
在日常沟通中还有一些小建议：

## 了解对方对信息的接受阶段

这点在沟通之前一定要了解清楚。通常沟通对象对信息的接受程度可
以分为三个阶段：

阶段一：一无所知

这个阶段的沟通对象对于你要告知的信息完全不了解。这时你就要从
最初的起因背景开始讲起，按照时间线和分部式的逻辑将事情的完整情况
告诉他。处在这个阶段的沟通对象需要你耗费更多精力。

阶段二：知晓一部分

这个阶段，沟通对象已经对你要说的事情有了一些了解。那么在沟通
时我们可以简单做一个前情概要，一般不超过一分钟，然后开始说对方所
不知道的信息。比如："上次不是说到……，现在……""之前有提到……
事情后来有了发展……"

阶段三：完全了解

这个阶段的沟通对象，通常全程参与和知晓事件的经过。那么我们不必跟对方多废话，可以直接告知事情最新的进展。不用再做前情回顾，直奔重点。

还是回到前面第一个例子，当沟通对象处于第一阶段一无所知时，我们就要从起因背景、发展、结果一直讲到未来。而当沟通对象处于第二甚至第三阶段时，我们就可以直接跳过起因背景和发展，直接告诉对方现在的结果和未来事情可能的走向，这样是不是就节省了很多时间？

很少有人注意到对方对信息的接受阶段，但其实这是高效沟通的一个大前提。很多时候我们听一个信息时容易迷惑，就是因为沟通者不知道我们对于信息处于哪个接受阶段。当我们对事物一无所知时，对方却以为我们已经身处其中，滔滔不绝讲了一个小时却并没有让我们了解。所以当我们下次再做沟通时，可以先了解一下对方处于信息接受的哪个阶段，比如问"对这个事情你知道多少"，然后根据对方的回答来酌情筛选你要沟通的信息，这样大大节省了时间成本。

## 判断对方的情绪

很多时候我们沟通的信息自带情绪属性。比如"这个设计稿又要重新做"，没有一个设计师听到这个消息会高兴；再比如"我家人不喜欢你"，你的男朋友听到这种消息也不会开心；或者"客户要求我们把价格下调20%"，你老板听了会很不爽……

所以在做沟通之前，你要先对这个信息的情绪属性进行判定，预先判断对方得知这个信息会是怎样的情绪反应，然后选择适当的时机和场合去沟通。有一个小窍门大家不妨试一下，叫情绪反差沟通法。比如，当你要告知一个不好的信息时，尽量选择对方情绪平稳或开心的时候告诉他；当你要告知一个好消息时，选择在他有点郁闷的时候会有奇效；当你要沟通一个需要麻烦对方的信息时，在对方比较空闲的时候告诉他等。

总之你要先预判这个信息会给对方带来怎样的情绪反应，避免负面情绪加深，尽量增强正面情绪的引导。

## 明确沟通目的，剔除干扰信息

我经常会遇到这样的情况。对方和我讲了一个小时的事情，最后却只需要我做很简单的一件事。在这一个小时的时间里，他跟我说了大量和目的无关的信息，一开始我以为他要我帮他找一份报告，听了一会儿我以为他要我给他推荐一个人，最后我才知道他是让我将团队里的一个实习生借用到他部门一天。这种冗长的沟通在日常工作和生活中比比皆是。想想过年时家里的亲戚们介绍相亲对象的时候都是怎么开场的：

"哎呀现在国家经济形势真是差呀……好工作真不好找……生活成本那么高，出去吃个饭动不动就几百块……我楼下那个老王家的女儿，一个月拿一两万咧，每个月都没存款的……现在房价也那么高，上海周边地区都要四五万了……现在年轻人生活压力大啊……结个婚都结不起了……房子车子小孩教育这以后都是钱……我上次看了个新闻，现在结婚不算房子都要起码 100 万了……哎哟想当年我们那时候结婚哪有这么多规矩……所以啊，找男朋友一定找个条件好点的你说是吧……哎，小琳，你现在还没男朋友吧，阿姨这里有个朋友的儿子还不错的，要不给你介绍介绍？"说实话，这么长的铺垫真让人听不下去。

高效沟通中，直奔主题是最好的方法。当你明确了自己的沟通目的，那么和这个目的不相干的信息都应该予以剔除，否则很容易让对方产生错觉，混淆视听。借用人直接说借用人，介绍对象直接说介绍对象，你要担心的不是对方会不会反对你的提议，而是想办法证明以及说服对方接受你的提议。

# 第五章

## 会学习的人，在任何领域都能变得强大无比

工作中一个人最重要的能力，不是学历多牛，不是实习经历多光鲜，也不是推荐信多漂亮，而是拥有强大的学习力。

# 高质量的简历这样写

简历是求职中非常重要的敲门砖。现在绝大多数人写简历都是按照招聘网站上的格式，或者用百度搜到的模板。但 HR 看简历并不是看视觉设计得多么漂亮，而是看能否迅速找到他所需要的求职者信息。我做过一段时间部门招聘工作，就我收到的简历来看，许多只重形式、不重内容，它们的共同问题在于：

1. 文字冗长，没有重点。

2. 太多和我招聘岗位不相关的信息堆砌。

3. 格式不规范，该对齐不对齐，该分行不分行，让人第一眼就对这个应聘者产生不好的印象。

总结下来，就是一个问题：没有用心。那什么叫用心的简历？文字表达简练，逻辑清晰，设计简洁大方（黑白灰即可，千万不要花哨）。

任何一个 HR 每天都会收到几十甚至上百封简历。他们如何一眼就能找到想要的候选人？答案是，像一个扫描仪扫过每一份简历。想要抓住他们的眼球，必须第一眼就提供给他们想要知道的关键信息。

那么如何制作（注意是"制作"，而不是"写"，因此光文字内容好是不够的）一封"用心"的简历呢？主要从以下三个方面开始着手：篇幅，文字，设计感。

## 篇幅

一页最佳，两页最多。根据有关调查，一个大公司的 HR 平均一天要处理 200 封简历，意味着一天 8 小时工作时间，除去开会、上厕所、处理公司其他事务之后，HR 看一份简历的时间最多只有 1 分钟。

写简历不是写小说，不讲究声情并茂，而讲究信息的高效传达。一份合格的简历，在内容篇幅上同样讲究"二八定律"，即 20% 的篇幅描述求职者的基本个人信息，80% 的篇幅描述重要的工作经历。在工作经历中，更要集中笔墨来描述和求职岗位相关的内容。

比如应聘的是活动策划的岗位，首先要想尽办法找到自己过去和这个岗位相关的经验来进行撰写，而且要尽量多写。如果在这方面经验欠缺，退而求其次的办法，是找到和应聘岗位类似的工作经验，像文案撰写、项目管理等。在撰写的过程中根据对方的岗位要求，要有针对性地来填写。如果对方要求具备电商品牌线上策划的相关经验，就要在简历里点出自己过去做过哪些案例。

总之，篇幅上要精简，但不能简单。针对应聘岗位的需求，来摘出自己符合条件的经验，着重撰写。

## 文字

通常，HR 扫视简历会有一个优先顺序。

第一眼，看过去工作过的公司及担任过的职位，工作年限；

第二眼，看项目经验，工作职责；

第三眼，看毕业院校。

其中，第一眼和第二眼决定了你的简历能否留下来。HR 看简历是用"匹配"的思维，即你简历上的信息是否和 HR 的要求关键词相配。如果 HR 想要找 5 年以上经验、IT 前端开发、医药行业的人才，那么他看简历的时候，脑海里就有一个关键字过滤器：5 年经验、IT 前端、医药。

接下来看简历的时候就会用这个过滤器去匹配。这时看到 3 年经验的，就不会多看一眼，看到空调行业的，就会匆匆掠过。所以写简历的文字，一定要精练扼要，最快速匹配到 HR 的需求关键字。那么如何去写呢？两个原则：

第一，保证信息简明扼要，用信息点代替长句子。

所谓信息点，就是一件事用一个短语来描述。比如"负责公司产品市场营销推广工作""主导公司内网的开发和调试工作""带领团队成员完成公司医疗产品的年度销售目标""培训初级策略分析人员"等。

写简历不是写作文，我们需要用最精练的信息点描述出最重要的事。避免过度的修辞手法，不要用晦涩难懂的词语。如果遇到复杂的内容信息需要描述，摘取其中能够体现自己主要贡献的内容，然后对信息进行分层。比如下面这段描述一个市场营销部门的工作内容：

> 我主要负责公司旗下洗发水产品的市场营销工作，包括去屑洗发水、男士洗发水、香氛洗发水三个产品线。我会根据每年初公司的市场营销目标来制定相应的策略方向和预算分配，另外还要和广告公司及媒介公司开会，根据市场变化来调整传播策略。

同时我还需要和其他部门的同事协作对接，负责项目的部分执行工作。

上面 140 多个字，在面试的时候这么说没问题，但是写在简历里是不合适的，因为字数太多，HR 没时间看。就需要修改。我们不难发现，如果同样是应聘一个市场营销的岗位，最能展现求职者技能的信息是下面几点：

1. 制定传播策略。

2. 规划预算分配。

3. 根据市场变化来调整传播策略。

其他的诸如"部门协作""和其他公司开会"等，并不是一个核心技能，而是日常工作。所以这段工作内容可以这么写：

1. 主导和制定每一年的产品市场传播策略。

2. 带领团队完成年度预算规划和分配工作，制定部门 KPI。

3. 主导市场传播战役的策略优化和调整，保证合作伙伴之间的通力合作。

上述要点，概括起来就是：找到关键信息，然后用"动词加名词"的方式来组织短语。常用短语有以下几种：

负责了……（描述职责）

参与了……（描述活动）

协助了……（描述项目）

获得了……（描述效果）

最后对信息进行分层，尽量用短句，每一个短句只说 1 ~ 2 个信息。

第二，尽量用数字而不要用修辞手法。

能用数字的地方一定要用数字。比如讲述自己带领团队获得销售业绩，"一年完成的销售额超过公司预计的 30%"就远远优于"带领团队出色完成公司销售任务"，而"操盘的市场营销活动赢得超过 1000 万人次的市场关注"一定好过"主导的营销活动深受用户和媒体好评"。

数字是最快抓住 HR 眼球的东西，能用数字就不要用修辞。

## 设计感

如果不是应聘艺术设计之类的岗位，尽量不要使用过于花哨、颜色丰富的设计模板来写简历，因为它们会阻碍 HR 去摘取你的关键信息。但这并不是说简历就不需要设计感。设计感是辅助进行信息呈现的手段，而不是目的。在简历里，最实用的增强设计感的手段就是：对齐。

简而言之，所有段落上下对齐，左右对齐，保证整体感觉看上去没有参差不齐的感觉。另外一点很重要的是简历的字间距。尽量做到简历中文字能够占据绝大部分空间，不要留白太多，字和字之间不要挨得太紧凑。段落中的文字间距为 1.5 倍行距最佳，既填满了整个空间，也不会显得局促。

做到了对齐和调整字间距，那么一份合格的简历设计就基本完成。关于这一点大家如果还想获得更多的灵感，可以去百度搜索 Behance.net，上面有许多好看的简历模板供大家参考。

# 提高职场面试能力的捷径

大部分企业的面试都可以分为两关：HR 面试和业务部门面试。HR 面试是第一关，这一关通常是敲门砖，也是你留给企业第一印象的关键场景，出彩的表现将为下一关的业务部门面试做好铺垫。

## HR 面试

主要考察的是面试者的岗位匹配性、工作稳定性和主观能动性。

a. 岗位匹配性：

即过往的工作经历和所招岗位的相关性匹配程度。这个是硬性指标，也是最初 HR 在筛选简历时的初始标准。HR 看简历的方式是扫关键字，而不是一字一字地去读简历。在招聘之前 HR 们通常心里就已经有了谱，过去工作的公司、工作年限、工作地区等这些硬性指标符合了才会筛选出来继续往下看。招一个销售就不会去看做市场分析的人，招一个 8 年经验的总监就不会去看一个只有 5 年经验的经理。所以针对不同岗位，有偏向性地在简历中填写相关度高的工作经验会大大提高被 HR 看中的概率。

当然不排除有些人天资聪颖，能力过人，工作3年比工作6年的还强。但是这个并没有机会体现在HR的面试中。因为HR不是业务部门的人员，对专业技能的了解不会那么深入，所以即使你是再厉害的人，可是工作经历只有3年，过去所待的公司也不是行业知名，做出的成绩也并非出类拔萃，那么去应聘一个要求起码5年以上经验的岗位，HR很难选中你（猎头或者内部推荐的除外）。他只会看写在简历中的硬性指标，你展示自己"厉害"的地方并不在HR这里，而是在下一关业务部门的面试环节中。但是如果第一关过不去，第二关连门都没有。

b. 工作稳定性：

在面试中有一个问题是HR必定会问到的："你为什么想离开上一家公司？"这个问题一定要小心回答。

站在企业的角度来讲，一个专业能力70分在一家公司做了3年，和一个专业能力90分却在过去一年换了3家公司的人，绝大部分都会选择前者。做出这个判断的依据是投资风险回报。企业看中的是人才长期持续带来的稳定价值输出，而跳槽过于频繁的人很可能看中的只是短期个人的薪资和职位增长。当企业和个人的价值观发生差异时，未来工作将会出现很多问题，这就是风险。无论是创业型公司还是成熟的大公司，人才的稳定性都是至关重要的。所以回答这个问题时，尽量避免诸如"薪资不理想""加班太多""老板太严苛"等过于个人主义的回答（即使确实是如此），试着站在企业的角度去考虑这个问题，给出如何既能体现自己的思考，又能给面试公司带来可想象的价值空间的答案。譬如"想尝试新的平台和挑战，拓展自己的职业技能"，或者"过去的经历锻炼了我强大的独立作业能力，现在我想向管理层面发展，带领团队"。

c. 主观能动性：

我有很多猎头朋友聊天的时候跟我说，他们特别喜欢性格外向的人。因为外向的人更善于展现自己，他们会更积极地和你沟通，而不是像挤牙膏一样问一句答一句。优秀的面试者会基于一个问题展开放大来讲，在这个过程中，不仅展示了自己的专业知识能力，也潜移默化地将一种积极向上的情绪传递给面试官，这个情绪影响非常重要，重要到能够影响到面试官对你个人工作和处世态度的判断。

我曾经面试过一位优秀的候选人，我询问了对方在上一家公司的工作经历。他用十几分钟向我简洁但不简单地介绍了自己的工作情况，包括执行过的重要项目、自己的角色、过程中曾遇到的问题、自己如何解决这些问题、项目取得的成绩等，这些我都没有刻意去问，但他很自然地和我娓娓道来。从这十几分钟的对话中，至少我判断出他在工作中是一个主观能动性比较强的人，会自己发现问题，思考问题，从而找到解决问题的方法。而大多数人，在面试的时候忽略了这一点，面试官问什么就答什么，而不是揣摩面试官问题背后的动机。

以下是我总结的几个常见的面试问题以及背后的动机：

## 谈一下你过去的工作经历？（或者介绍一下你在××公司的工作）

动机：考察面试者过去相关工作经验中和所招岗位的匹配程度。

这个问题的回答技巧不在于多，没有必要把所有工作内容都说出来，只需要挑选和面试岗位最相关的经历述说即可。

比如，你面试的是一个手机软件的产品经理岗位。通常这个岗位的职责是产品初期的规划（行业纵深了解和用户需求分析）、产品原型的规划（用户体验和产品设计）、开发进程的协调把控（项目管理）等，那么最好的回答是介绍自己过去经历中完整地带领团队开发一款产品的过程。更高级的还可以借题发挥，通过经历的介绍，不动声色地将个人的优秀品质和特长技能融合其中，而不是浅显地谈自己曾经带领团队、开发产品、研究用户、做数据分析等。这些只不过是把招聘需求上的文字再背诵一遍而已，对于面试官而言没有任何价值。

抓住最相关的经历，讲得越具体越好。

## 过去工作中曾碰到过什么困难，后来你是怎么解决的？

动机：考察面试者在逆境挫折中的态度和解决问题的思路。

如果 HR 问了这个问题，这个岗位应该不会很轻松。但是挑战往往和机遇并存。这个问题的关键不在于展示你有多么聪明、经验有多么丰富，而在于考察你面对困难时的心态是否足够冷静，是否一遇到问题就推卸责任，是否能够通过有条理的逻辑分析找到问题的关键并最终解决问题。

这个问题最好的答案是挑选一个曾经让你觉得非常艰难的经历，详细阐释这个问题给你带来的阻碍，你尝试过多少种解决的方法，你是怎么失败的，最重要的，你从失败的经验中总结出什么教训。

这个问题考察的是解决问题的过程，而不是最后的结果，所以，不必讳言失败。

## 你对自己未来的职业规划有什么想法？

动机：考察面试者未来在公司的成长空间以及和公司未来的发展是否匹配。

这个问题属于典型的"醉翁之意不在酒"。看似关心你的职业发展，甚至有的 HR 还会给你一些善良的建议，但这些都是表象。这个问题实质上考量的是你会不会以及适不适合待在这家公司。换句话说，HR 不希望招来一个自己未来的职业发展和公司的发展大相径庭的人。

如果你确实非常想去这家公司，建议你先对这家公司做一些简单的调查。如商业新闻，行业研究报告，人物访谈，朋友或猎头的内部消息等，从这些资料中找到这家公司未来发展计划的一些端倪，然后结合自己的实际情况来有倾向性地做自己的职业发展规划。

我曾经面试过一家广告公司。面试之前通过朋友的内部渠道，知道对方刚接手一家大型汽车企业的年度生意大单，接下来还会接手更多的汽车品牌客户。在面试的时候我被 HR 问到自己未来的职业发展规划。那时候我只做过不到一年时间的汽车品牌客户，由于提前得到了这个信息，我的回答就很有倾向性。我当时是这么回答的：

> 未来 3～5 年我希望能够向汽车领域发展，因为我本身对汽车比较感兴趣，自己也开车。虽然之前主要做的是快消品牌，汽车客户的相关经验不多，但是我学习能力比较强。而且汽车客户通常预算庞大，有足够的资源在市场营销上做出很多大的动作出来，这也是我未来希望能够多多参与的。

这个回答传递给 HR 三个信息点：

1. 我的未来职业规划和公司发展计划相符；
2. 我愿意投入精力去深入了解和学习汽车行业；
3. 我在未来较长时间内希望能在这家公司干出一番大事业。

这是每个 HR 都喜闻乐见的回答。

## 如果来我们公司，你对薪酬有什么期望？

动机：考察的是面试者对于行业的了解以及对自己能力的评估。

这通常是最后的问题，也是最"刺激"的问题。拿捏不好就有可能错过这个工作，或者自己吃亏。这也是一个互相博弈的问题，我的建议是回答之前做足调查工作。

通常大型的猎头公司网站上（如 Kellyservice/Hudson 等）都有年度的行业薪酬白皮书报告，大家可以下载来看，上面对不同行业、不同工作年限对应的岗位年薪都有一个范围的参考标准。这是你进行博弈的底线。

对一家公司的调查，可以通过身边的朋友、同事和猎头打听这家公司的薪酬水平，通过行业新闻、八卦打听这家公司的业务运转情况，通常业务运转良好或者行业排名靠前的公司，在薪酬上不会和你斤斤计较。

对招聘岗位的调查，提前了解这个岗位的工作是否需要有超出一般专业技能之外的要求，这个可以作为你要求涨薪的额外筹码。比如我一个朋友曾经在一家本土的广告公司负责客户服务工作，公司所有人几乎都不怎么说英文，可是客户方的高层有外国人，一些重要的会议需要全英文演讲，刚好我的朋友英语非常好，有服务国际客户的经验，就因为这一点她比其他同级的同事薪资要高。

## 业务技能面试

HR 面试和业务技能面试最大的区别，在于前者更有规律可循。HR 问来问去无外乎那七八个问题，他们作为公司初筛的第一道门，更偏向于硬性指标的判定（工作经历、年龄、语言、相关项目经验等），可以说几乎所有行业公司的 HR 面试，都差不了多少。

但是到了业务部门的面试就五花八门了，这个完全看面试官的偏好和心情。我曾经遇到过早上 8 点钟在五星酒店餐厅一边吃早餐一边面试的，遇到过在酒吧里面一对一面试的，遇到过在会议室里从 HR 到部门经理到总监最后到总经理轮番 3 个小时面试的，遇到过一上来先丢给你一堆题目让你做的，遇到过面试官掏出一副塔罗牌让你抽一张然后现场根据牌面内容编故事的，也遇到过像日剧里面那样西装笔挺坐在会议室里参加正经群面的……

总之，到了这个阶段能够归纳的规律并不多，外部环境的不断变化永远会给你带来意想不到的挑战。所以我转而从面试者个人出发，提出一个以不变应万变的方法：反客为主。即在面试的过程中将话语的主导权掌握在自己手中，将面试官的每一个问题都作为展现自己专业见解和知识的机会，最终"掌控"面试。

这和喧宾夺主不一样。我曾面试过一些能说会道的候选人，但他们往往讲得天马行空。比如我最初的问题是，"谈一下过去在 A 项目中你的角色和工作内容"。最后面试者的答案能扯到自己国庆节放假去马尔代夫旅游上来，这就属于典型的"跑得太远，拉不回来"。

反客为主的关键在于紧紧围绕面试官的核心问题，然后进行循序渐进的延展，在这个延展过程中植入自己的观点，最终回答的落脚点依然要回到问题本身，自圆其说。

我曾经面试过一个职位，面试官初步了解了我过去的工作经历和项目经验之后，突然提出了一个问题："谈一谈你对中国社交媒体的看法。"

这是一个很庞大的问题，不同行业的视角可以有千变万化的切入点来回答。但我当时面试的是一家广告公司，基于我的经验和理解，社交媒体的角色是内容生产和分发以及用户流量的获得与转化。因此我准备从这个角度切入进行回答。

首先，我并没有直接作答，而是要求找一块可以写字的黑板，然后花了两分钟时间画了下面这张简单的图：

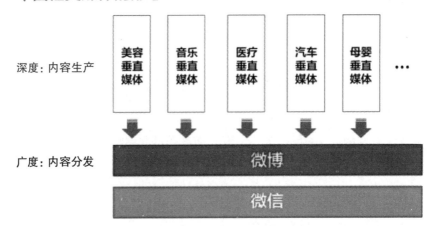

接着，我的回答如下：

> 微博和微信作为中国用户量最庞大的两大社交媒体，其在社交媒体生态领域已经成为最基层的广度平台。而更多在细分领域的垂直内容平台（知乎、天涯、贴吧以及各行业细分领域垂直平台等）都有各自的社群文化氛围，这些平台更专更精，擅长深度、专业和高效的内容生产工作，而这些优秀的内容会自发地扩散到广度平台中被大众所熟知。这就像河流与海洋的区别，好的内容会从河流汇入海洋，这个过程是不可逆的。所以寻求这些细分内容领域的合作是创作优质内容的基础，微博和微信仅仅承担

的是传播扩散的角色，因为其庞大的用户属性造成了鱼龙混杂的

媒体环境，导致了不断恶化的市场竞争。

这个回答并不是我当场立刻想出来的，而是平日里不断观察和思考的积累。我只是将这些碎片化的思维重新组织了一遍而已。当时的面试官没有料到我会说这么一段话，而且显然他被我勾起了兴趣，接下来和我就他们目前碰到的一个案例所遇到的问题讨论了起来。

不知不觉，这场面试就已经开始被我"掌控"。或者说，这已经不是面试，而变成一场探讨。双方的角色已经由最初的面试官和被面试者，转变成两个同行之间的交流。后来我们就此话题进行了更深入的讨论，其间我继续提出自己的观点，对方也不断抛出自己的看法。两个小时之后，我顺利拿下了这份工作。

类似的故事在我的面试经历中常常发生。其实不管面试的形式如何，面试官的偏好和心情怎样，他们的目的都是为用人部门找到最合适的专业人才。

最合适，意味着牢固的知识技能和出色的沟通技巧。这是面试官考察的最终目的，也是你以不变应万变的本源。

面试的时候做心理测试，可能是为了考察你应对突发状况时的处理态度；

面试的时候突然让你讲一个故事，可能是为了考察你临场应变和语言组织的能力；

面试的时候突然丢给你公司目前一件棘手的案例，可能是考察你对事物的快速分析能力……

这些都是简历上体现不出来的东西。这些才是真本事。

强大的面试技巧并不是一朝一夕练成的，正所谓"台上十分钟台下十年功"。在平时工作之余就要有意识地培养自己的面试经验。下面是我总结的两点心得：

## 平时就要做好知识体系的积累和构建

面试就和读书考试一样，准备了一缸水，考察的只有一碗水。但如果没有一缸水的知识储备，到时你就不知道会舀起来哪一碗水。

因此在平时工作中就要做好自己的专业知识体系构建。宏观的从行业发展、经济政策、趋势洞察到公司文化、市场调研、案例研究等。做好整理收集的工作，并且定期拿出来回顾，时刻保证自己脑袋里"有料可讲"，这是能够掌控面试的基础。我身边有一个移动硬盘，里面收集了我工作这么多年来所有的资料和知识，这就是我的个人资料库。

特别对于职场新人来说，不要觉得自己工作经验不多，没有积累的知识，面试的时候也讲不出有价值的东西。越是新人，越要像海绵一样吸收各种知识。现在的互联网只要你想，没有什么是你找不到的东西。多关注一些行业内的网站、公众号、书籍，多收藏一些能够让你有所收获的文章，多看看别人的观点，多思考一下为什么别人会这么想……思考的过程就是不断学习的过程。

## 上场的时候不要患得患失

我一直把面试当作一个锻炼自己临场发挥能力的机会，后来我发现这样的心态反而更能让我表现好自己。面试最忌讳患得患失的心态，特别是对于初入职场的人，过于看重结果有时候会起到反效果，让自己放不开手脚，最终导致临场发挥的时候紧张而不能完美地展现自己。这就跟上台表演一样，如果你在台下准备得万无一失了，上台的时候就只当作平时的练习一样。

让自己自信起来，首先是平时的知识积累，然后是心态的调整。我在面试之前都会给自己一个心理暗示："这一家结束了，我下面还有两家要去面试呢。"

这样就避免了"这次是唯一机会"的负面暗示，避免了毕其功于一役的心理风险。即使这次失败了，后面还有其他机会。这么想反而让自己不会过于紧张，更能展现出自己的最佳状态。

退一万步说，没有哪家公司是非去不可的，就算这次失败了也是来日方长。我就不止一次见过一两年前面试失败，但后来又通过自己努力顺利进入心仪公司的例子。谈恋爱讲缘分，找工作同样也如此。

# 高手的资料搜索技巧

日常工作中，运用搜索技巧迅速精准地找到相关资料是一项非常重要的技能。我做过很长时间的战略分析的工作，经常需要对一个行业或者现象找寻大量的数据和资料（俗称 Desk Research，桌面研究）。在我看来，资料的搜索技巧包含两个部分：一个是正确的信息渠道，一个是对资料进行高效的摘阅和整理。下面一一来说明。

## 信息渠道

当我们需要寻找某个行业或者领域的调研资料时，应遵循以下的顺序：

a. 行业协会 / 网站 / 学术论坛；

b. 战略咨询公司 / 第三方市场调研公司。

### 行业协会 / 网站 / 学术论坛

通常而言，每一个行业都会有协会或者学术组织，它们会定期发布一些针对整个行业的调研报告。它们出具的报告面向的是全行业的从业者，因此内容会非常庞杂，如果你是想初步浅显地了解行业概况的话，我会推荐先阅读这些内容。

譬如在互联网领域，CNNIC（中国互联网络信息中心，China Internet Network Information Center）每年都会出具一份《中国互联网发展统计报告》，为所有互联网从业者提供及时的数据信息更新。

再比如在汽车行业领域，中国汽车工业协会网站也会有非常翔实的统计数据，帮助你了解这个行业的大致情况。

这些都是能够帮助你简略、迅速地了解一个行业概况的重要渠道，并且由于大多数行业协会组织的背后是国家部门支持，并不涉及相关的利益群体，因此数据和信息相对而言更加可靠。

通常只需要在搜索引擎中输入：中国+××（行业名）协会，第一页跳出来的依次点进去看，域名后缀带有 org 的，就是正牌。

当然，也并不是每一个行业都能轻松地找到这些组织网站的资料，这就进入下面一个重要的信息资源渠道。

## 战略咨询公司 / 第三方市场调研公司

战略咨询公司和调研公司的网站上也会经常发布一些行业洞察报告及研究成果文章等，并且都是免费的。

我个人推荐的几个战略咨询公司和调研公司如下：

麦肯锡；贝恩咨询；波士顿咨询；Ipsos；Kantar。

首推麦肯锡的网站。作为战略咨询领域的老大哥，麦肯锡的报告非常权威和专业，并且网站阅读体验很舒服。

同时，麦肯锡涉及的行业从银行金融到医药制造再到人力资源、互联网信息科技等，非常广泛。每一个类目里都有大量的干货文章供你阅读，一个下午时间你就能大概掌握一个行业的概况。

除了麦肯锡之外，其他的像贝恩咨询、波士顿咨询也都是权威老牌的咨询公司，但是相对而言，他们更加专注于一些特定领域。比如，波士顿咨询和贝恩咨询在快速消费品、奢侈品以及市场营销方面的研究会比较多。而像埃森哲、IBM 会专注于 IT 领域。

讲完了咨询公司，市场调研公司也是需要重点关注的对象。Ipsos（全球顶尖调研咨询公司之一，擅长消费品、金融、IT 和汽车领域）和 Kantar（全球顶尖调研咨询集团，旗下拥有众多细分行业的调研机构）是我会首先去搜索的网站。

而当各位不需要深入系统地研究某个行业或者领域，只需要找一些应急的资料或者数据时，我推荐各位去下面这个网站：

www.199it.com

这个网站就像是所有咨询、调研网站信息的中介。在搜索框里输入你想要的信息关键字，马上就会出现一大堆资讯。

如果这些渠道都找不到想要的信息，我们还可以借用搜索引擎进行如下搜索：

搜索关键字 +PDF/PPT/DOC。

比如"百度中国化妆品 PDF"，就能够精准找到所需要的文档，节约很多时间。

## 摘阅和整理

这是找资料过程中最花精力，也是最考验技术的一块：摘阅和整理。

很多人以为找到资料以后就万事大吉了，其实并非如此。简单地把资料中的信息或者数据贴进我们的工作文件中，这只是信息的搬运工。想要迅速从海量资料里得到有价值的洞察，我们需要做信息的"过滤器"，从数据中提炼出精髓的观点。如何去做？归纳起来可以从下面三点入手：


第一，找目录

根据你找资料的目的，有针对性地去筛选内容。很多调研报告在开篇的时候都会有目录，概括整个报告每个章节的内容。找资料的目的越精准，越能快速地在海量信息中一眼抓住关键。

譬如一份互联网行业报告的目录如下：

3. 概述

5. 无处不在的中国互联网以及大众娱乐媒体

11. 互联网用户的行为变迁和重要的网络媒介

17. 数字化对话的力量

19. 中国电子商务发展的大玩家和大趋势

23. 网络广告的机遇

25. 采取行动

27. 推荐阅读

28. 致读者

倘若我的目的是研究中国互联网用户的行为变迁，那么拿到这份报告我会首先从第 11 页开始看起，更加详细的内容我会在接下来几页去着重阅读。

倘若我现在手上研究的是一个电商的项目，那么拿到这份报告我会首先从第 19 页开始阅读。

研究报告的本质是工具，不是小说或者故事集，我们没有必要通篇读完。当拿到一份动辄几十页甚至上百页的资料时，根据目的有选择性地从目录开始进行扫视和摘阅，能够节省大量的时间。

第二，看标题

并不是所有的报告都有目录这么贴心的设置。当我们拿到一份开篇就开始大量阐述研究结果的资料时，我们需要看标题。即每一页报告那个字最大、最闪亮、最突出的一句或一段话。把这段话找出来就是这一页内容的核心概要，这一页其他所有的文字都是支撑这个论点的论据。

所有的研究报告都遵从总—分—总的逻辑原则。最突出的那段话就是报告的观点或者结论，当你没有时间看报告全文的时候，这些观点就是重要的摘录对象。当你对观点存在兴趣或者疑问的时候，再去看剩余的分论点内容。

除此之外，有的调研报告很贴心地把结论放在一起阐述，一般在报告中叫作"启示""概要""规律"或者"Key findings"。这是整篇报告最精华的部分，一定要重点看。

第三，做加工

找到了关键结论和观点之后并没有结束，因为到了这一步依然只是在进行信息的"搬运"，最后一步需要做的是把别人的观点变成自己的观点，也就是对观点进行提炼和加工。这个是最考验工作经验和技巧的，也是最难的。我的心得是将你的实际情况和已找到的信息进行整合，排除重复和干扰，提炼出"为我所用"的精华。

举个例子，比如说我现在正在研究数字媒体对中国汽车消费者的购买行为产生的影响，那么用之前的方法找到一份调研报告，按照目录和标题，我找到了有价值的重要信息，如下：

第一张图：哪些媒体能够引发汽车购买需求的产生？

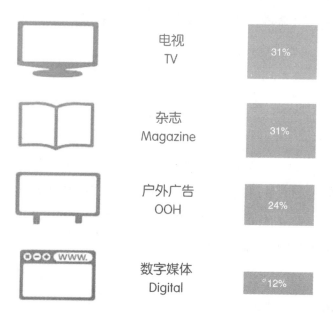

第二张图：不同媒体在汽车购买决策过程中所起到的影响力比重。

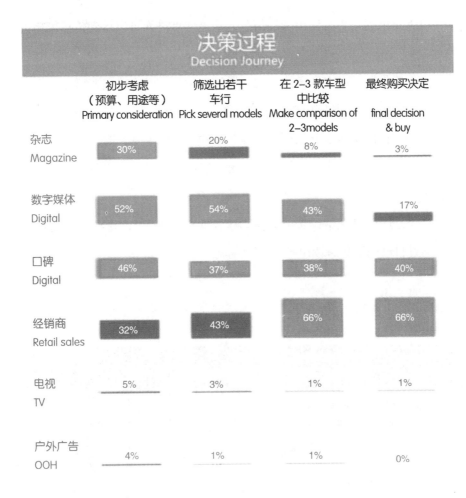

通过这两张图的信息，不难发现以下两点：

1. 传统大众媒体依然在消费需求早期起到关键作用（第一张图电视 / 杂志 / 户外广告占据比例均高于数字媒体）。

2. 数字媒体在购车消费需求深入的阶段渐渐取代传统大众媒体，成为影响消费者购车决策的重要渠道（第二张图数字媒体的影响力比例远高于电视 / 杂志 / 户外媒体）。同时发现越到决策阶段后期，线下经销商的影响力比重越来越大。

以上是根据报告解读出来的信息，从这两点进而可以得到传播策略的启示：

在传播早期，以大众媒体为主，通过高举高打的方式迅速抓住市场眼球；在传播中期，以数字媒体为主，深耕品牌价值主张，深挖产品利益点，从感性和理性两个角度开始逐渐影响消费决策；在传播末期，发力线下经销商营销，无缝对接线上转化过来的潜客流量，以卓越的产品体验完成传播闭环。

这才是应该呈现给读者的观点。这就叫"做加工"，将别人的信息整合，通过自己的消化解读出不一样的观点。

再比如下面这张报告：

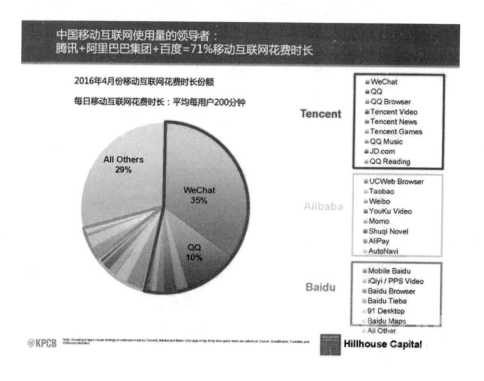

报告所传递的直观信息显示：BAT 三大巨头已经在移动互联网上形成了时间（流量）的垄断（3 家合计占据 71% 以上）。但这张图背后揭示了一个什么事实？

中国互联网领域已经逐渐由几年前的"战乱时代"变为"三国鼎立"，这和任何一个成熟发展行业的规律一样：一旦出现占据市场绝大部分份额的少数几家巨头时，就意味着寡头垄断时代的到来。未来这个市场上几乎所有的公司都将依附于这 3 家巨头的平台之上，再去进行独立 APP 开发的创业项目将很难生存。

这就是从别人的信息中，总结自己的观点。那么如何培养这个技巧？

1. 多问自己，这些信息揭示了一个什么规律或者事实？

2. 多思考，造成这样的规律或者事实的原因是什么？它们是否和过去我们认知的规则有共性或者不同？它们接下来又将导致什么结果？

3. 回到原点，这些信息对我现在手上的问题有什么启发，能帮我解决问题吗？

这不是一个速成的技巧。在平时生活和工作中依然需要多加练习。最后我把本文中列举过的所有搜索资料的渠道整理如下，大家可以加以收藏。

中国互联网信息中心：http：//www.cnnic.net.cn/

麦肯锡咨询：http：//www.mckinsey.com.cn/

贝恩咨询：http：//www.bain.cn/

波士顿咨询：http：//www.bcg.com.cn

Ipsos：http：//www.ipsos.com.cn/

Kantar：http：//www.cn.kantar.com/

找报告的万能网站：http：//www.199it.com/

# 新手 PPT 设计之道

工作中最常使用的工具就是 PPT 了。在我们汇报方案、总结报告、介绍公司的时候，PPT 的好坏会直接决定对方对我们表述信息的接受程度。网上流传着一个段子说，"用 Word 的不如用 Excel 的，用 Excel 的不如用 PPT 的，用 PPT 的不如讲 PPT 的，讲 PPT 的不如听 PPT 的"，侧面也反映了 PPT 在我们日常工作中的重要性。而大致上工作中的 PPT 可以分为两种，即文字逻辑型和视觉图片型。

## 文字逻辑型 PPT

这类 PPT 在咨询公司使用得比较多。目的是展示事实、归纳因果、总结洞察、提出方法。这一类 PPT 通常不会要求有多绚丽、色彩多丰富、图片多漂亮，但一定要整洁、清晰、有条理。

很多人有一个误区，觉得 PPT 做得好看老板就觉得你很厉害，这是本末倒置。好看的前提是内容正确精练。否则，再漂亮的 PPT 做出来只是一个花架子而已，并不能有效传递你想表达的观点。

在文字逻辑型 PPT 制作中，有一条至关重要的准则：文字永远优先于图形。文字才是表达观点最直接的武器，图形永远只是起辅助理解的作用。

在制作一张 PPT 之前，首先想好这张 PPT 上面的文字要写什么，是否足够精练，不同层级的文字之间逻辑关系如何。也就是你这张 PPT 的目的是要传递给受众怎样的信息。一张 PPT 只能传递一个信息（标题），超过一个信息点就要分成几张来做。

我通常在制作一页文字逻辑型 PPT 之前，会先在一张空白 PPT 上把这一页需要阐释的内容罗列出来，然后进行精简和缩句。这就是列提纲的作用。比如我要写一份项目计划书，那么我就会先列出下面这个提纲：

1. 我们的目的是什么？（这是最重要的，把这个想清楚，下面就轻松很多）

2. 现在遇到的挑战是什么？

3. 我们做了哪些事情？哪些是有效的，哪些是无效的？为什么？

4. 接下来需要解决的问题有哪些？

5. 我们怎样解决这些问题？

6. 解决这些问题的过程中会有哪些困难需要克服？

7. 我们怎么克服困难，需要哪些资源配合？

8. 我们的时间计划安排是怎样的？

9. 还有什么其他需要注意的重要信息？

再比如，我要开始做一张 PPT，目的是展示汽车消费者在购买汽车的过程中经历的不同筛选阶段。那么首先我会用一段文字来描述这个过程，如下：

汽车消费者购买汽车的决策流程：

首先会在大众媒体上看到铺天盖地的汽车广告，开始对这个品牌车型产生一定印象。接着在网络社交媒体上看到关于这款汽车的各种讨论，层出不穷的视频、评测、图片等，于是进而有兴趣去了解这款汽车。在汽车垂直论坛开始主动搜索各种专业的点评、数据和厂家新闻报道，从而越来越对这款车感兴趣。接着又开始查看这款汽车的不同配置和价格，以及经销商信息等，经过几轮筛选之后，终于决定在本周末去离家最近的 4S 店去看看，试驾体验一下。等到试驾体验完毕后，又回到汽车论坛上和车友们接着讨论你的体验，并约好车展的时候一起去参加团购。

上面这段话是我的这张 PPT 所要呈现给观众的内容，通常作为草稿。没有排版，字体也没有调整，文字也比较啰唆，但这就是这张 PPT 的核心内容，我需要植入在观众脑海里的就是这一段信息。在确立了这段核心信息之后，我接下来做的只有两个工作：精简信息和排版布局。

精简信息，就是对之前的核心内容信息进行逻辑分层。我们很容易看出来，上面的内容属于典型的先后逻辑顺序，那么我们来对这段内容信息进行逻辑区隔，得到如下结果——

汽车消费者购买汽车的决策流程：

产生印象：大众媒体广告上对产品开始建立初步印象。

产生兴趣：网络上的相关内容激发起进一步了解的兴趣。

主动搜索：兴趣到达一个临界点，开始主动搜寻产品信息。

做出行动：几经比较之后，去线下实体体验和考察。

讨论分享：体验完毕后，回到网络和用户进行进一步深度分享。

至此，我们完成了对这一页 PPT 核心内容的信息精简提炼工作。稍微提醒一下，逻辑分层是一个至关重要的方法。很多时候我们面对 PPT 手足无措不知道该怎么写的时候，就是因为对信息并未进行过滤处理，导致不清楚究竟要放怎样的信息上去。通常逻辑分层有两种方法：先后顺序和分门别类。上图的信息就属于典型的先后顺序。而分门别类是将具有相同属性的信息归为一组，道理一样，这里就不做详细说明。

另外请记住一点，每一页 PPT 只能说明一个信息，这个信息必须放在标题中。标题之下所有的内容都必须支撑说明这个信息，与标题无关的信息一律剔除。


接下来进行排版布局的工作。

其实纯靠文字也能做出漂亮清爽的 PPT。关键在于模板和字体。模板，网上能下载的有很多，这里不一一介绍。我的习惯是自己做一张模板、自己调节配色等。这些网络也有教程，这里推荐一个专门帮助你配色的网站：http://www.colourco.de/ 可以通过移动鼠标来获得最佳的配色方案。（记住这个网站上显示的颜色数字需要转换成 RGB 数值，在 PPT 里才好设置。）

比如还是上面那段话，我们在 PPT 里开始使用这套配色方案，进行一点改变。首先调整背景颜色和字体颜色。然后更改字体。注意，PPT 里不要选择宋体，不好看。网上有很多字体下载，譬如方正兰亭、造字工房等，都是很好看的中文字体。

汽车消费者购买汽车的决策流程:

1. 产生印象:大众媒体广告上对产品开始建立初步印象

2. 产生兴趣:网络上的相关内容激发起进一步了解的兴趣

3. 主动搜索:兴趣到达一个临界点,开始主动搜寻产品相关信息

4. 做出行动:几经比较之后,去线下实地体验和考察

5. 讨论分享:体验完毕后,回到网络和用户进行进一步深度分享

我们还可以加一点图形来表示内容依次的逻辑关系,如下图:

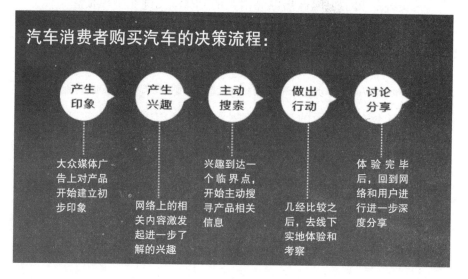

如果你没有学过设计,就没必要纠结于花样好不好看。只要呈现出来的信息干净整洁,有条理,让人一目了然,那么你的 PPT 就成功了。最简单的办法就是对齐。

比如上图 PPT 的对齐方式如下：

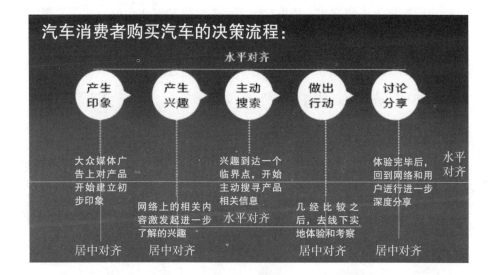

至此，这张文字逻辑型 PPT 制作完毕。

总结一下：

1. 把这一页 PPT 所要讲述的文字内容全部写下来；

2. 剔除不相干的、重复的信息，并提炼出标题；

3. 理清楚文字内容之间的逻辑顺序，将信息进行"分层"；

4. 根据逻辑顺序在 PPT 上进行排版布局，并选择合适的字体和模板。记住，对齐是最快捷的美化方法；

5. 检查，这一页 PPT 的标题是否和你的 PPT 内容一致，是否只传递了一个信息点。

## 视觉图片型 PPT

所谓视觉图片型 PPT，是相对于文字逻辑型 PPT 而言的。如果说文字逻辑型 PPT 是干货，让你聚精会神地获得大量信息，那么视觉图片型 PPT 起的作用是：铺垫、暂停、休息和总结。比如引起观众对接下来内容的好奇，比如看完前面十几页内容后来一个短暂的放松，比如引发观众的思考和联想等等。

下面这张就是典型的视觉图片型 PPT。

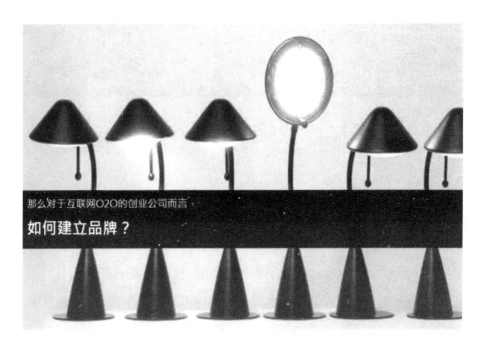

视觉图片型 PPT 通常都是整份 PPT 中容易出彩的部分，因为漂亮。

而做好视觉图片型 PPT 的关键在于，选图要选得好。选择一张漂亮的图，你的这页 PPT 就成功了一大半。

我通常选图的网站有下面几个：

1. https：//alpha.wallhaven.cc/（这个网站资源比较丰富，但只支持英文搜索。）

2. https：//unsplash.com/（这是个摄影网站，上面很多高清美图可以做背景。）

3. https：//pixabay.com/

通常而言，制作此类 PPT 的技巧有如下四点：

## 尽量不要选择"填充物"太多的图片

因为图片永远只是起辅助作用，文字才是你的核心。填充物太多的图片会让人失去焦点，图片中充斥着密密麻麻的元素会极大干扰观众对于你文字的关注。要选择构图结构简单有规律、留白多的图片，这样也好放置你的文字内容。比如下面这两张：

> *Only the qualified content will be remembered by consumers. Now we need focus on the vivid content rather than impression.*
>
> 只有高质量的内容才能被消费者记住，现在我们应该关注的是生产生动有趣的内容而不是曝光量。

## 图文之间最好要有潜在联系

图片是对文字的辅助说明，所以 PPT 上的文字最好能和你选择的图片形成某种潜在的呼应。看下面几张 PPT，我解释一下当时选择这些图片的思路：

这张 PPT 是讲品牌的定义，即所有品牌接触点所形成的体验的总和。

图片是 Apple Store 里用户在体验苹果的产品，和文字内容形成呼应。

这张 PPT 是抛出一个问题，如何建立品牌，脱颖而出。中间抬头的那盏灯正好呼应"脱颖而出"这一点。

这张 PPT 的核心信息是"对比"，因此左右两张图片首先在色调上就有明显的区隔。左边文字的主题是想象力，因此选择一张风景图片，配以相框来突出从梦境到现实的转化。右边文字的主题是压力，因此选择一张工厂冒着浓浓白烟的图片，营造出压抑感。

　　这张封面 PPT 之所以选择这张图片作为背景，是因为当时客户的老板比较有趣，喜欢"地振高岗，一派西山千古秀；门朝大海，三河合水万年流"的文字风格，所以特意选了这张。所以说制作 PPT 时也需要把握客户的偏好和口味。

　　这张 PPT 是放在一场分享培训会的结尾，作为台上问答环节的展示页。选这张图片是因为前面讲的内容比较多，观众需要暂时舒缓一下情绪，放松身心，此时这只萌萌的小狗和 Q 版的文字就起到了很好的放松效果。

## 文字不要太大，也不要太小

　　还是那句话，不要因为图片过于出彩而让人们忽略了对文字的关注。通常正文内容的文字大小控制在 14～18 磅比较好，标题的文字大小控制在 24 ～ 32 磅为宜。

下面这张就属于典型的字体太大，影响了整体的美感。

字体太大，周围没有留白。

而把字体缩小一些，字体周围多出留白的空间，会显得文、图配搭和谐。

## 文字段落的布局遵循黄金分割法

将文字段落放置在整个 PPT 的中间部分（无论是横版中间还是竖版中间）都不是最美观的。放置在"黄金分割点"，也就是通常三分之一的地方，才最具美感。这跟摄影上的"三分法"是一个原理，具体如下：

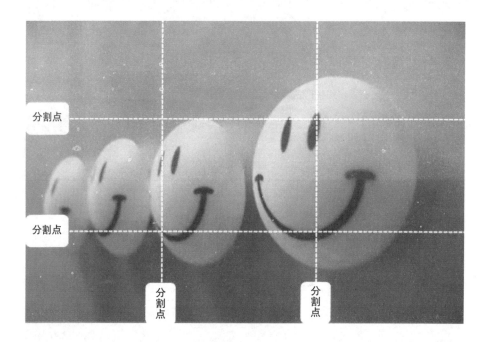

当我们把文字板块的中轴放置在分割点的时候，效果会更好。

总结一下：

1. 尽量不要选择"填充物"太多的图片；

2. 图文之间最好要有潜在联系；

3. 文字不要太大，也不要太小；

4. 文字段落的布局遵循黄金分割法。

# 如何"管理"老板

你会不会和老板相处？

我们每一个人都有老板，但并不是每一个人都会管理自己的老板。可能有人会说，只有老板管理下属的，哪有下属管理老板的？这其实是一个误区。在职场上，下属和老板之间应该是合作关系，而不是雇佣关系。所谓合作，就是双方互相提供价值输出，互相扶持，互相成长。一段良好的上下级关系是各取所需，彼此成就。既要让老板成为我们事业上的助力，也要让他在某些时候成为我们的"挡箭牌"。而做到这一点，光是拥有胜任本职工作的专业能力是不够的，我们还要有"向上管理"的智商和情商。下面简单分享一下如何做到这一点。

## 了解老板的行事风格和诉求

我曾经有一个老板是典型的"细节控"。她拥有傲人的学历，曾在世界 500 强企业担任要职。和她接触两个多月，我发现她最大的特点是有细节洁癖。我交给她的方案，她每一个标点符号都会检查。很多次我被她打回来重做不是因为分行错误，就是因为没有对齐。后来时间长了，我发现她在生活中也是这样一个人。比如她的桌子永远都是摆放得整整齐齐，无论多晚下班她都会花 10 分钟来整理自己的位置。还有她带我出去见客户，进电梯之前，她会嘱咐我主动帮忙按电梯按钮，不要让客户拿着电脑和咖啡的手再抽出来去按等。

和这样的老板一起工作，就要事无巨细地想得比她还周到。就像谈恋爱一样，知道了对方的性格和喜好，在行动上我们才能对症下药。这是管理好老板的第一步准备工作，即赢得老板的好感。

在摸索了老板的行事风格之后，我们要投其所好。像我的这个注重细节的老板，我就经常会做一些看似"不经意"的事情让她看到，让她明白我和她是一类人。比方说和她出差订酒店的时候，我会特意让行政同事订有开阔视野的房间，因为她曾经和我闲聊说她有"幽闭恐惧症"，不喜欢封闭的环境；还有在帮助她寻找行业资料的时候，每一个资料的来源出处我都会标注在旁边，让她方便反向查看。

这些事情，在遇到她之前我都不曾做过。我以前是一个非常马虎、大大咧咧的人。但和她共事一段时间之后，我有意地让自己开始提高在细节上的把控，让自己向她做事的风格方向稍稍靠拢。在心理学上，这是运用了同类相吸的原理，帮助我迅速在老板心里建立了信赖感，为日后的"管理老板"打下了感情基础。

## 学会跨级思维，助人者人自助

根据 HRoot 的一份匿名人力资源调查结果显示，老板对于下属的需求里，投票最多的需求居然是"能够做好让他增光的事情"。这是什么意思呢？就是说老板希望下属能够在工作中帮助老板自己获得嘉奖、赞赏，让老板觉得"有面子"。这并不奇怪，职场上善于溜须拍马的人正是深谙这一点，没有能力的人凭此也能成为当红炸子鸡。但这里不是要各位也去拍马屁，而是在提高自己工作专业能力的同时，要学会跨级思维，即想到如何运用这些能力让老板在他的老板面前有光彩。

假设现在你的老板布置给你一个任务，告诉你下周他将在公司内部会议上做本部门年度工作汇报，现在请你协助他完成汇报方案的准备工作。这是一项既基础却又暗藏玄机的工作。

对于老板而言，工作汇报是展示自己部门过去成绩、展现自己领导能力的大好时机；

对于老板的老板而言，工作汇报是他知晓公司各部门工作进展、发现问题、纠正问题的关键时刻；

对于其他部门而言，工作汇报是他们了解和学习同事先进经验的绝佳机会。

善于跨级思维的人，收到这项工作任务的时候，会去洞悉什么才是对老板最有利的内容，知道如何帮助老板在大老板面前大放异彩，深谙如何让其他部门同事看到本部门成员的工作能力和向心力。这样思考之后再去撰写汇报方案，就会有意识地把这些内容作为重点来体现。

这不仅需要智商，更需要情商。当我们在提升自己工作专业能力的时候，还需要把自己适时地放在老板的角度去思考，所谓助人者人自助。在日常工作中这样的行动多做做，会不断强化你在老板心目中的印象，让他不仅在感性上欢迎你，在理性上也会渐渐依赖你。

关于这一点，历史上的和珅就是很典型的例子。暂且不论他的历史功绩和名声如何，单就洞察揣摩人心这一点，他绝对称得上是心理学大师。从管理学的角度来看，他就非常善于管理自己的老板——乾隆皇帝。有兴趣的朋友可以去了解一下他的处世智慧。

## 打造你的个人稀缺性，赢得上司的心理偏好

如果你的老板不止管理你一个下属，那么理论上他心里一定会有偏向性。换言之，你的其他同事都可能是你潜在的"竞争对手"。这时你需要通过一些方法让老板对你有偏向，这样在未来的工作中遇到一些问题时，就可以借助老板的力量帮你解决。其中最重要的一点是打造你个人的稀缺性。也就是让老板知道有些事情只有你能做好，换作其他人他不放心。那么如何去做呢？

利用紧迫感。即在一些时间紧迫却非常重要的事情上主动担当起责任，并且漂亮地完成任务。我曾经有个同事 L 就非常善于利用紧迫感，平常在工作中，他从不显山露水，但在一些关键时刻他总能站出来挑起重担，因此老板对他的印象颇好。有一次客户大老板来公司访问，需要准备关于中国市场消费者的研究分析报告。由于是临时得到消息，再加上团队其他同事手上都有别的活在做，这个任务一时间分配不下去，这个时候他主动站出来承担这份"额外"的工作。要知道在平时，他可从来不会主动请缨。这次时间短，对方又是和公司利益有重大关联的客户大老板，紧迫性可想而知。他最后还是顺利完成了任务，为此半个月时间都没怎么休息过。过了不久公司内部晋升，他的名字赫然在列，引得周围人一阵眼红。

L 就是一个非常善于利用紧迫感，来营造自己稀缺性的人。从老板的角度看，越是时间紧迫、事关重大的任务，他的感性越容易占上风。很可能平时在他眼里不出彩的下属，这个时候如果能跳出来支持他一把，他会永远记住。所谓"锦上添花"不如"雪中送炭"就是这个道理。

在平时工作中，我们也要善于发现这些关键时刻。在提高自己工作专业水平的同时，懂得如何运用这些技能，在老板面前树立专业、靠谱的形

象。换句话说，要学会一点"作秀"，而不是只会埋头苦干。"会表现自己"和"把工作做好"同等重要。

## 好的老板应该是后盾，是挡箭牌

赢得了老板的信赖甚至心理偏好，那么就意味着你和你的老板之间在工作上形成了较紧密的关系，甚至可以说是"盟友"。这非常重要，老板在这个时候也会不知不觉成为你的"后盾"，支持着你的行动。这对我们的日常工作大有裨益，我们需要好好利用这一点。如果你的老板在公司威望比较高，而你又跟老板关系很好，在其他部门同事眼里你的某些行动就代表了老板的某些想法，甚至可以说你就是老板的"代言人"。那日常工作中的很多事情处理起来就会很顺利，不会有太多掣肘。甚至在一些矛盾冲突发生时，可以搬出老板来解决问题，让老板成为你的"挡箭牌"。比如遇到一些争端场面，预先和老板沟通好，聪明的老板一看形势就知道接下来该怎么为下属争取利益。

但如果你的老板本身在公司中权势比较软弱，这将大大制约你的工作，甚至造成麻烦。说白点就是老板不能挺你，"受气了"没人帮你，即使你自己工作能力再出色，最后也会受不了辞职。这种情况非常多。老板在公司的地位在很大程度上决定了员工的工作积极性和向心力。我就遇到过这样的情况。那时我的老板在公司是个老好人，谁也不敢得罪，这可苦了我们下面的人。有一次因为一个项目的任务分配问题，我们和其他部门的人起了争执。对方部门的老大是一个比较强势的人，硬生生地把责任推了过来。起初我们老板还说了两句，到后面在对方咄咄逼人的言辞下被击退下来，默默接受了对方的要求。这件事后来对团队造成了很大的影响，大家都觉得老板在本应该为团队挺身而出的时候却选择了退缩；而另一个部门的老板就截然相反，为了他们部门的利益据理力争。在接下来半年里我们部门的小伙伴因为各种原因陆续离职，很大一部分都和这位老板有关系。

职场如战场，带领战士冲锋陷阵的将军如果不能以身作则，为自己的团队争取利益，那么势必会让下属失去战斗热情。

## 让老板成为我们事业上的最佳助力

如果问谁能在个人事业上给予你最大的助力，老板是最佳选择。比起行业猎头、HR、同事而言，老板有更多机会接触到比你现在的视野、职位和平台更高级的机会。如果跟了一个好老板，和他处好关系，在未来他跳槽到更高平台时第一时间就会想到你。比起自己去外面找工作，无论从效率还是质量上，这都是更好的选择。

到了这一阶段，我们和老板之间的关系已经远远不是"工作伙伴"那么简单，在生活上也要和他们保持适当的社交联系。但是切记不要逾越界限，比如不要过分探知老板私生活，老板摊在明面上说的事情，可以适当深入去谈论。再比如经常和老板分享一些行业内的最新资讯，或者生活上的热点趣事，让他觉得你不仅是他工作上的好帮手，在生活中也是一个有趣的人。

而最难的恰恰就是度的把握。这个时候第一阶段"了解老板的行事风格和诉求"就开始显现作用了。通过和老板长久的相处，了解老板的喜好、习惯、性格等，小心翼翼地试探，慢慢从工作延伸到生活中，弱化你们之间上下级的关系，强化"朋友间的友情"。总之，这时的关键是经营好和老板之间的个人关系，而非工作关系。让他们不仅在工作上对你产生心理偏好，在生活中也能对你产生情感上的信任。一旦做到这一步，未来你就非常容易迅速攀升，借助老板的力量实现个人成长的三级跳。

# 如何迅速提升职场英语水平

英语在职场上的重要性不言而喻。很多时候同一个岗位，英语好的人和英语差的薪资可以差好几千。如果再往上走，差几万也是正常的事。因此练好职场英语是件一本万利的事。尤其是在全球化经济的今天，我们越来越注重和不同国家地域的专业人士合作，英语就成了必备的沟通技能。

而职场英语和日常英语不一样，有许多词语和用法是我们在日常生活中不会用到的（例如邮件、PPT、会议或者特定行业里的专门用语），这就意味着词汇量上，相较于在学校里学的四六级或者雅思、托福等要少了很多，但是在专业度上却加强了许多。

## 行业单词的收集整理

这是打底基本功，必须苦记硬背。

拿我所在的市场营销及广告行业来说，几乎所有工作中会用到的单词网上都能找到。而像其他的行业（法律、金融、战略咨询等），这些只用在网上买一本相应的行业单词书，然后开始背诵即可。

我的习惯是定期收集专业词汇用语，然后再根据实际工作中的情况整理一份最常使用的词汇表。

> 整合营销：Integrated Marketing
>
> 创意概念：Creative Concept
>
> 社会化营销：Social Media Marketing
>
> 消费者洞察：Consumer Insight
>
> 品牌调性：Tone & Manner
>
> 病毒视频：Viral Video
>
> 排版：Layout
>
> 视觉：Visual
>
> 脚本：Script

在我刚开始接触广告行业时，我会把平时工作中经常用到的单词做成 PPT，然后每天花半个小时熟记 10 个单词，1 ~ 2 个月的时间就能完成基本词汇量的沉淀。

同时每隔一周进行自我检查。在已有的单词表中随机抽出 20 页 PPT 出来重新保存为一份"自检文档"，然后在这份文档中删除所有的英文，并根据中文意思来默写英文单词，最后对照原来的单词表进行检查。没有记住的单词我会加强巩固，并且在下一次自检时重点检查。

| 预告 | 对白 | 字幕 | 直播 |
|------|------|------|------|
| 网红 | 拍摄前会议 | 作品集 | 插画师 |

自我检查时使用的测试文档，在每个中文单词下面打出相应的英文。

如果说英语是一座高楼，那么词汇就是砌成高楼的砖头，每个人都需要过背单词这一关。我的建议是每天给自己固定一个时间（比如早晨起床后半小时或者临睡前），熟记 5 ~ 10 个的单词，这样有规律地进行学习效率会更高。

## 耳濡目染，从模仿到运用

我有一个朋友，读书的时候从没好好学过英语，每次英语考试基本都是刚过及格线。但是她后来远嫁美国，在那里耳濡目染两年多时间，回国的时候英语讲得特别溜。她去餐厅点餐，一口流利的英语好几次让我错以为自己在和一个外国人吃饭。

这就是环境对人的影响，职场英语同样是如此。

我曾经的几个老板全是不会说中文的老外，我必须和他们用英文交流。再加上写邮件、记会议记录、写方案 PPT 这些日常工作都默认以英文为工作语言，这就"逼迫"我一定要练好英文。刚开始我很不习惯，即便熟记了英文单词，和他们交流起来也是磕磕绊绊、词不成句。

但是老外的理解能力超级好，即使一个句子里面我只说对了关键的 3 ~ 4 个单词，即使我的语法漏洞百出，即使我的发音不够标准，他们依然听得懂。这是因为老外听英文不是一个单词一个单词去听的，而是一个句子一个句子，结合上下文语境去理解的。

这对于初次接触职场英文的新人而言是一个很大的福音，因为你可以毫无忌惮地大胆说英文，即使语法不对、发音不准，外国人丝毫不会介意。抓住任何机会使用英语，这才是修炼的最有效途径。

职场英文的目的是有效促进工作中的沟通。"对方听得懂"是最重要的准则，在这之上再慢慢训练语法和措辞。

那么如何训练？很简单，模仿。

我刚工作时就经常研读我老板的 E-mail 和方案 PPT，从中摘取纯正的英文语法和措辞，并尝试在以后的工作中模仿运用。比如下面这封邮件：

Hi Linda and Nick,

　　Here you go the compiled deck for the brand activation. We have shared with our regional team for review and is now waiting for their comments. Target to have feedback by 6pm so please make sure your side have people here for minor fine tuning if necessary.

　　　　　　　　　　　　　　　　　　　　　Thanks.

其中一些是约定俗成的词语："Deck"指的是方案、文件，类似于 Proposal，Complied 的意思是编辑、整理。两个词连起来就是"调整过后的方案"。Fine tune 指的是微调、修改，也是一个习惯用法。

还有是一些习惯句式："...have shared with..."指的其实就是发送了文件，相较于"send to"的直白而言，"share"是一个较委婉的用法，多适用于平级之间或者下级对上级的沟通中。"your side have people"指的是邮件接收方这边的团队人员。

再比如下面一张 PPT：

## OUR AGENDA

❶ Recap of our brief
❷ Competitor positioning & Evolving category context
❸ Understanding our target audience & Expectations of connectivity
❹ Our brand opportunity
❺ Our communication & engagement strategies
❻ Our launch story
❼ Campaign framework & activation plan

虚线标注出来的短语同样是行业通用的一些说法。每天我都能收到诸如以上的这些英文文件，它们都来老外的标准语音习惯。我要做的就是把它们一一记下来，查询它们的意义和语境用法，然后在未来不断尝试模仿他们的行文句式。

## 找到一个长期的职场英语学习平台

前面说了这么多，那么对于没有天然英文语境的人而言，如何练习职场英语呢？

很简单，上网。

这里首推领英，不是"领英中国"，也不是微信公众号，而是纯英文的职场社交网站：领英（www.linkedin.com）。

为什么会首推？

第一，领英是全球最大的、以英文为主的职业社交网站，上面的内容从入门到高阶，几乎涵盖了所有行业及职场岗位。并且登录不需要虚拟专用网（VPN）。

第二，领英和很多其他媒体平台是互相打通的。即其他平台上的优秀内容也会被分享到领英上（例如 Forbes, Fast Company, BBC），这就意味着只要你善用领英上的搜索和关注功能，它能满足你一切职场上的知识和信息需求。

第三，所有 500 强的公司和业内专家都有在领英上开设自己的账号，你可以第一时间了解你最喜欢的公司及行业资讯（譬如传奇企业家杰克韦尔奇就在领英上拥有数千万粉丝）。

有了这样一个庞大的职场英语资源库，剩下的我们只需要像海绵一样，每天花时间泡在上面，摘取感兴趣的内容进行阅读。比如我在

**BUSINESS INSIDER**      **TECH INSIDER**

FACEBOOK    LINKEDIN    TWITTER    EMAIL    PRINT

A popular Chinese photo-editing app has burst into popularity in the West, covering social feeds in airbrushed photos with huge, sparkling eyes.

Although Meitu has been around since 2008, it has become an overnight success and was trending in Apple's App Store on Thursday.

Meitu is a lot like other photo-editing apps — it has Bitmoji-style stickers, Instagram-style filters, and Layout-style photo collages.

**Ryan Gosling with a Meitu filter.** Getty/BI Illustration

But the app really shines in its "hand-drawn" mode that is like a Snapchat filter on steroids. It slims jawlines, enlarges eyes, and adds a bit of sparkle to the whole package.

Basically, it makes you look like a cartoon — and these images are rapidly spreading on social media.

Marketing & Advertising 行业，就会重点关注这个行业的公司和大咖的分享。

在领英上我们可以有选择地进行账号关注，浏览它们发布的内容，记录文章中你没有见过的单词、句式，然后用翻译软件找出它们的含义和通用法则，最后记录在你的本子上。比如下面这篇在领英上看到的文章（来自 Business Insider，这是一家商业媒体）：

这篇文章的标题是：

A Chinese photo app worth \$4.5 billion is trending in the US — here's what it does.

文章大意讲的是美图秀秀这个 APP 用一个新功能成功"辣瞎"了美国人民的眼睛，一时间成为最受欢迎的美图应用。这篇文章有很多英文的用法值得我们去学习，拿文章第一段举例如下：

A popular Chinese photo-editing app has burst into popularity in the West, covering social feeds in airbrushed photos with huge, sparkling eyes.

第一个短语，burst into popularity，通过百度翻译可以知道是"突然流行起来"的意思。所以下次写竞品分析报告，描述一个突然爆红的产品时就可以用到这个短语。

第二个短语，cover sth in sth。Cover in 是覆盖的意思，这里直白的翻译是 airbrushed photos（照片）覆盖掉了 social feeds（信息流）。通顺点翻译就是"美化过的照片覆盖掉了所有的社交信息流"，就是说美丽的照片在网上成了绝对焦点。所以 Cover sth in sth 就是用一样东西覆盖掉另外一样东西的意思。

短短一段话，你就可以发现新的英语单词和用法，长期坚持下来你的英语也会变得和老外一样地道。

## 先读写，再听说

相对而言，初级岗位的职场英语需要读和写的地方更多，听和说的比较少。而这个规律是伴随着职位由低到高而不断演变的。在职位比较低的时候，接触的基本是书面工作（例如写邮件、看邮件、记会议纪要、整理资料表格等），越到高阶的职位越需要和内部部门、外部合作伙伴进行沟通合作，这时听和说的重要性就慢慢凸显出来了。

所以对于 Entry Level 的人而言，可以运用前面写的一些方法进行训练，先培养自己在单词和文法上的语感，熟悉一些特定用法。

对于想在"听""说"上有所提高的同学，可以通过职场类的电影、电视剧等先培养自己的"听感"，熟悉欧美人士的发音习惯，然后尝试着模仿他们的语调。比如我之前的老板都是美国人，美式发音的腔调很浓。我耳濡目染两年多，不自觉地也培养起这样的发音习惯。

这里给大家推荐两部美剧：第一部是《The Good Wife》（中文译作"傲骨贤妻"）。这是一部律政剧，学职场英语的同时还可以顺便锻炼一下逻辑思维。

第二部是我个人比较喜欢的，来自如今的美国总统 Donald Trump 的《Apprentice》（中文译作"飞黄腾达"）。这是一部很不错的商业真人秀节目，除了能学英文，也能窥探到许多职场上的套路和规律。

我们在听外国人讲话的时候，没有必要完全听懂他们的每一句话，你只需要听懂每句话中关键的 3 ~ 5 个单词或短语即可，其中重点听以下几类词：

主语和宾语：

人称代词（we, you, he, she, they, him, her 等）；

名词（video, proposal, deck, report 等）；

名字（Tony, Lisa 等，特别是你同事和老板的名字）；

谓语：

动词（send, delay, offer, confirm 等）；

副词：

时间短语（right now, immediately, ASAP 等）；

地点短语（meeting room , venue 等）；

然后根据它们来猜测对方的意思。比如下面这句话：

Every four years, we gather on these steps to carry out the orderly and peaceful transfer of power.

这句话来自 Trump 的总统就职演说，我们只需要听懂中间部分的短语，这句话的意思大概就能猜出来：

"每隔四年，我们在这里聚集一堂，来进行和平有序的权力交接。"

所以还是回到最初那句话：先从单词开始背起，先把砌大厦的砖头攒起来，再去梦想摩天大楼。

# 跳槽也要讲章法

"跳槽"是每一位职场人士都会遇到的问题。当我们在一个公司、一个平台做了一段时间之后，发现自己每天的工作都是在重复着同样的事情，没有新鲜感，没有挑战性，没有更大的发展空间，甚至没有更多的薪资激励的时候，"跳槽"很可能会是你需要去考虑的。

那么如何正确地跳槽呢？以下几点是要注意的：

## 跳槽之前该做哪些准备工作？

简单说就是：知道自己现在在哪里，知道自己接下来想去哪里。

这里说的"哪里"并不是指的公司，而是你在这个行业中的位置。举个例子，倘若是在一家公司做市场营销执行类的岗位，你就要知道在市场营销行业中你的岗位所要求的技能有哪些，你是否完全熟悉现在所做的工作，是否通晓一个市场传播战役的所有相关流程、合作部门，以及外部供应商如何管理、效果如何评估等。这些信息你需要用一张纸把它们全部列举出来，从一个产品上市的前期调研，到传播策略的制定，到各家供应商和内部协同机构的合作工厂，再到后面进入执行阶段。整个流程所有的相关内容你都要熟悉起码八成以上。因为这些都会是在面试中被问到的问题，属于这个行业的基本通识。

当对自己现在的工作有了清晰的了解之后，你需要做的是对下一步跳槽的岗位以及行业现状做一番调查和了解。这个时候我们需要做下面的工作：

1. 保持对行业公司、新闻以及相关热点的关注追踪。

2. 和行业内的猎头保持定期的良好沟通和更新的习惯，甚至有时候帮助他们推荐一些岗位的人选。

对于第一点，很多人可能会忽略，或者平日里有意无意会看到行业内发生的一些新闻和事情，但并没有当作一个系统性的工作去记录和了解。我们要把这件事当作和自己事业发展息息相关的日常工作去做。同时，对这个行业的所有公司也要有一个基本了解，知道不同公司的区别和优势。如果是做 IT 行业的，基本上要对自己行业叫得响的公司都有一个基本了解，起码知道微软、甲骨文和谷歌之间侧重的领域有哪些不同，近期发生过什么重大事件等。

通过对这些信息的长期积累和分析，你将窥探出这个行业现在整体的发展现状以及未来的发展趋势，从而对你未来的职业生涯规划做出重要的参考指引。

每一个行业一定都会有这个行业的垂直类新闻、媒体和网站，保持对这些信息渠道的关注，无论是行业人事变动、公司的重大举措还是新技术的研发、行业研讨峰会、新产品的问世，甚至是八卦新闻，都需要去了解和记录。当这些信息在你的脑海里积累到一定程度的时候，你会发现它们之间的一些内在联系，你会更加清楚这些事情背后的发展逻辑和规律。比如你从事的是广告媒介的工作，当你看到最近一轮又一轮融资都砸向那些新兴的大数据广告分析和代理公司的时候，或许你该意识到"广告精准投放"的技术已经慢慢趋向于成熟，而你应该考虑一下去学习一些数据分析和处理方面的技能了。

除此之外，当进入一个行业做了差不多 3 年，一定会有猎头来找你。他们可以有各种方法找到你，通过招聘网站、你曾经投递过的简历、朋友的推荐等，和这些人搞好关系是非常有用的。因为他们是你未来跳槽的得力帮手。

很多人接到猎头电话的时候，如果得知是自己不感兴趣的职位马上就拒绝了，然后再无联系。而我的做法会稍有不同，当我对对方推荐给我的职位不感兴趣之后，我会多问几句，关于这个公司的情况，这个职位的信息等，然后告诉猎头我会尽力帮他询问周围的朋友，有合适的一定推荐。我会努力搜寻自己脑海中适合这个岗位同时最近有跳槽想法的朋友，然后推荐过去。虽然是举手之劳，但猎头们会非常喜欢这样的候选人，因为你帮他们赚了生意，未来有好的岗位会第一时间想到你。我会定期约几个猎头朋友出来吃吃饭、聊聊天，从他们那里了解一些行业的前沿资讯和动态，同时也能知道哪些公司空出来好的岗位。

这是一个双方都获益的事情。如果多留一份心，愿意花点时间经营一下这样的关系，未来对自己还是很有帮助的。我曾经从猎头朋友那里得到过不下五个很好的工作邀请。

## 如何有技巧地跳槽？

在做好准备工作之后，进入下一阶段，就是关键的跳槽面试了。关于这一点，网上有许多专业的分析。这里只分享一个小技巧，这个技巧运用得好会比简历有用得多。

这个技巧叫：现场测试

当面试你的部门主管和你聊完简历上例行公事的信息，向你介绍了公司的情况之后，你可以主动要求对方对你进行现场测试。让对方对你的职业技能进行一番考察。

如果是你主动提出这个要求，对方很有可能会有点措手不及，这个时候你占据了主动权，可以将测试的题目往自己擅长的方向来引导，同时结合这家公司的实际情况。例如，当你面试一个前端开发程序员的职位时，你可以提出让对方就目前其公司开发产品中遇到的某个技术难题考考你，你现场给出一个解决思路（注意不是解决方法，是解决思路。意思是分析问题可能出现的原因，影响问题的变量因素，以及可行的几种大致解决方案以及各自的优缺点）。当你逻辑清晰地把以上思路完整地陈述出来的时候，你的表现就足以让对方印象深刻了。

而如果对方主动提出现场测试的时候，你需要不断地询问对方问题中的细节、曾经失败过的经验、曾经尝试过的解决方法、问题的详细背景信息等。当你了解到这些细节信息之后，你需要根据你的经验将他们归纳总结在一起，给出一条解决问题的思路即可。

举个例子，我曾经到一家广告公司面试，面试官是大中华区的首席策略官。面试到最后，他给我提了一个问题：我们现在在比稿一个针对90后年轻人的快消品牌广告传播战役，你有什么好的建议？

我在简单询问了这个客户的背景、传播目标、产品介绍以及客户的偏好之后，说了下面一段话：

用年轻人去对付年轻人。放弃在会议室无休无止的头脑风暴，去找年轻人喜欢的平台，A站B站、百度贴吧、QQ空间、斗鱼 TV……去找上面的大号红人，去和他们聊天，去听他们的想法，去问他们现在年轻人喜欢看的东西。只有年轻人最懂年轻人。我们要做的是和他们协力合作，而不是闭门造车。广告公司丰富的品牌传播经验能够帮助把握客户的需求目标和创意方向，年轻人天马行空的创意想法能够帮我们实现这些目标。把舞台交给他们，我们只需要信任他们。

面试完之后过了一个小时，HR 就打电话问我什么时候能去上班，并且薪资开得很不错。

这就是现场测试的价值。

## 面试通过之后如何谈 Offer？

到了这个阶段，基本上你跳槽的这个职位算得上十拿九稳了。但是面临谈具体 offer 的时候，很多人可能不知道该怎么谈。薪酬开高了人家不给，心心念念的职位拿不到；开低了自己吃亏。很多人会卡在这个环节。我的做法是首先要参考一个行业的平均薪酬水平，然后结合这个行业的现状来开薪酬。

行业的薪酬水平报告，这个在网上都可以下载到。你可以去一些比较知名的人力咨询公司的网站上找，像 Kelly Serive、Hudson、Manpower 这样的公司每年都会出具这样的报告，可以对照自己的行业以及岗位，找到自己现在所处位置的一个平均水平，这样好给自己一个参考，不至于开的薪酬数字太离谱。

再一个就是结合自己现在行业的现状（保持对行业热点和新闻的时刻关注，了解发展趋势）。如果你现在做的工作符合行业未来发展趋势的，比如新兴的技术，那么你的价格就可以开得比平均水平高 10% ~ 20%。
如果你要去的那家公司最近新拿到融资，或者急需你这个岗位的人才，那
么价格同样可以适当高一些，这些都是在可接受范围内。如果你实在没有
把握，可以和你的猎头朋友咨询一下，询问他们的建议，这样对做出决策
有极大帮助。

# 去大公司还是小公司

我经常收到读者的问题，问我应该选择去大公司还是小公司。下面我就简单分享一下这两种公司各自的优劣和做选择时应该注意哪些地方。

## 大公司的优势

很多人觉得大公司名气大，说出去有面子，以后换工作的时候简历也好看。这确实是大公司的一个优势，但这仅仅是表面，如果没有硬实力，公司名气再大也只能暂时给自己镀一层金，不能长久。

实际上，大公司最大的优势是规范化的工作流程和职业技能的系统性培养。这在职业生涯初期非常重要。规范化的工作流程，能够培养出高效良好的工作习惯，这是打底的基础。我在大公司和小公司都待过，深深感到规范化的工作流程的重要性。一个简单的项目预算审批，大公司需要层层上报批复，保证每个环节的责任人都落实到位。而小公司就没有那么烦琐，往往大老板一人签字就足矣。两者之间的差别在于，未来如果出现人员增减或合同细节问题，大公司能保证每一个环节都有相应责任人来承担后果，做到有责必究。

对于职场新人而言，"习惯"是优于"技能"之前培养的。一开始就拥有正确的工作习惯，无论做什么岗位都能快速上手。我的职业生涯初期，在一家国际 4A 广告公司里做实习生，就深深感到规范的重要性。流程上的规范，才能保证细节上的严谨，最终才会降低出错的概率。那时我们做市场调研项目，从前期的问卷提纲，到消费者访谈流程设计，再到实际操作执行的环境，每一个环节都细致落到文档上。一个简单的 1 小时消费者访谈，背后的方案设计竟然厚达 30 多页。起初我难以想象，这么简单的一个座谈会至于需要这么复杂吗？后来带我的老板告诉我，别看 1 小时很短，但是这个场景里从访谈的提纲设计，到受访者的座位顺序，到主持人的表情动作，到室内环境的灯光效果，到桌上的零食摆放，这每一个细节都大有学问。就拿受访者顺序来说，观点鲜明的受访者就不能放在前面进行访谈，因为他的观点很可能影响到后面人的真实想法；而对于不善言辞的受访者而言，主持人需要通过现场的声光调节和话语引导，来帮助他说出自己的想法。

这所有的细节和环节，组成了消费者访谈的规范化工作流程。而这背后蕴含的是多年上千场访谈所积累下来的经验和教训，这叫专业。而这也是小公司所无法比拟的。

另外一个优势，则是职业技能的系统性培养。

大公司通常都有非常成熟的职业技能培养体系，针对不同的细分领域会推出不同的课程教学。拿我自己来说，我的广告营销技能全是在大公司里学的。我之前所在的一家大型广告公司，每年都会拿出一大笔钱在外面聘请不同领域的专业教练来为员工制定技能培养课程。从最火爆的电商和数字营销，到社交媒体、创新技术、直播、电子竞技、知识分享经济等。大公司的管理层往往都会站在行业的高度全局地去看产业的发展趋势，而与之对应的，会有意识地拿出资源来培养公司的员工，不断提升员工的竞争力。从长远角度看，这是比升职加薪更具备价值的事情。我曾经服务的一个客户，是快消行业的龙头老大。每年从校招开始，就有不计其数的职业技能培养计划。从领导力，到团队协作，到市场营销实战，到数据分析等，几乎涵盖了这个领域的所有知识。光是一年下来的培训课程，就有上百节。难怪被外界称为"黄埔军校"，许多企业对他们家出来的人才，都是蜂拥去抢。

## 大公司的劣势

大公司的优势显而易见，但并不是万无一失，它同样有自己的不足。

首先是大公司的规范化。这并不是和前面的说法矛盾，而是"成也萧何，败也萧何"。"规范化"固然带来了流程上的严谨，保证了人责分明，但同时也制约了创新性思维的发展。过于冗长的决策机制是每一个大公司的通病。在面对外界瞬息万变的环境时，往往会有"船大难掉头"的困境。

我曾经在一家规模有 200 多人的国际广告公司工作过，深深感到决策流程之缓慢、层级之复杂。一个简单的项目执行批准需要经过中国办公室、亚太办公室、纽约办公室，最后再到客户公司的美国总部，一圈走下来起码耗去两个月。两个月何等之久？一个网络热点最多也就维持两三天。这中间浪费的是对市场机会的敏锐把握，以及给了竞争对手捷足先登的机会。

在信息传播越来越快的今天，机会稍纵即逝，而由冗长的决策流程和复杂的人事制度产生的内耗，就成为制约大公司的镣铐。

另外就是大公司组织层级森严，升迁跨越难度较大。根据一项调查研究显示，越是大公司，精英所占的比例越小。公司越大，平庸的人越多。

像 Google 或苹果那样都是聪明人的公司，是少数特例。绝大多数公司都是少数聪明人领导大多数平庸的人。作为一个新人，如果运气好，分配到有能力的老板部门里，将会是不可多得的学习机会；可更多情况却是被分配到一个一般的组里，日复一日做着分工明确的工作。这对于想迅速提高自己工作能力的人来说，是不大适合的。大公司的上升渠道通常都比较有限和固定，如果上面的人不动，下面的人想要升迁很难。特别是像一些国际巨头公司，一个职位层级的跃升通常需要 3 ~ 5 年，还得经过层层考量和筛选。

这其实不难理解，公司小的时候更多实现的是"人治"，而当组织壮大以后实现的是"制治"。制度是保证一个庞大机构正确运转的根本，但也成为阻碍有能力的人快速成长的壁垒。

## 小公司的优势

小公司最大的优势就是灵活，以及没有边界的成长。只要你有能力，不死板，在小公司你会获得比大公司更丰富的成长挑战和空间。

相较于大公司庞杂的层级结构和繁多的规范，小公司往往更注重于效率而非规则。因为它的第一要务是生存下来，因此很多时候规则需要给结果让位。而这也意味着，如果你是一个多面手，将在小公司非常得心应手。

在创业公司中流行一个叫"最小化可行产品"的概念，它最大的特点就是精简和不断试错。这放在小公司身上同样成立。一个初创公司就是一个最小化的产品，创始人的个性往往决定了这个公司的个性。在这种公司工作，和老板之间更容易形成近距离接触，而不像大公司那样，一年半载难见到大老板的身影。而这意味着，你有更多的机会从资深人士那里习得更高阶的工作经验。精简的人员架构能够让你在还是"菜鸟"阶段就能和众多"大牛"一起工作，这是大公司要待四五年才有可能获得的机会。

而且如果运气好，公司发展逐渐壮大之时，你可以作为创始员工获得不错的收益。不仅是金钱上的收益，更多的是经验上的收益，以后跳槽的时候这段经历将是点睛之笔。

相对于大公司而言，小公司更愿意冒险，因为沉没成本更低。我曾经在一些快消品公司工作过，大公司要改一套洗发水的包装瓶动辄就要改掉整条生产线，花费起码上百万；而小公司则会推出少量试用版，市场反馈效果好了再加大规模生产，反之则重新修改设计，就这样通过不断试错来调整方向。可这在大公司是不可想象的，因为规模效应的存在，大公司考虑问题永远是"安全"为先。即使有一些创新的想法，执行起来也是相当缓慢，如同戴着镣铐跳舞。

另外一点就是小公司的升迁制度更加灵活。大公司都有严格的晋升制度，通常以工作年限和在职期间的经验与贡献为主要依据，一切都以规章制度上的文字为标准。这就意味着，如果你是一个非常棒的人才，在大公司里也很难迅速晋升。很多情况是，如果你上面的老板不走，基本上你的升迁就毫无指望。但在小公司不一样，在小公司里只要你对公司做出巨大贡献，老板就会给你相应的升迁和回报，甚至是股份。

## 小公司的劣势

诚然，小公司有更精简的层级结构、更灵活变通的行事方法，但它也有致命的弱点。

首要的就是生存问题。通常一个小公司的老板都是在大公司里取得了一些成就，然后出来自己创业的。虽然他们有着资深的行业经验和资源，能够让你学到很多，但是同时也面临着严峻的市场考验。"一切从零开始"

意味着机会和风险并存，他们一方面无法与大公司直接正面竞争，另一方面还要面临数量更多、竞争更加残酷的底层厮杀。稍有不慎，很可能功败垂成。因为创业一直都是一场九死一生的游戏。

另一点就是工作时间。小公司以结果为导向，以生存为第一要务，几乎不可能像大公司一样有标准的工作作息时间。

尤其是在一些竞争激烈的行业（如广告、媒体、互联网、金融）更是如此。日均工作 10 小时以上非常正常，周末加班也会时不时让你怀疑人生的意义。你可以把这看作大获成功之前的忍耐，也可以把这当作选择所付出的代价。寻求工作与生活的平衡的人是不适合小公司的。

最后一点，小公司所提供的平台和视野是无法与大公司相提并论的。在大公司工作，名片递出去就是一种权威背书，大公司的光环效应在职场社交中起的作用非常大。小公司天生缺乏这个优势，在资源对接、商务接洽、行业前瞻等方面无法与大公司抗衡，这在很长一段时间里会成为制约个人成长的阻碍。

大公司和小公司各自的优劣势大致清晰。那么落实到个人，我们如何做出选择呢？以下三个方面可以参考：

## 对个人能力和特质的判断

大公司和小公司各有优劣，没有好不好，只有合不合适。在考虑去哪种公司之前，首先要对自己有一个大致的分析和判断。

大公司做事要求适应规则，善于人际，察言观色，很多时候做人比做事重要，那么有这些特质的人天生就会适合大公司；小公司做事要求思维灵活，敢想敢拼，结果导向，做事比做人重要，习惯大公司氛围的人很可能不会适应。

先对自己有一个全面的了解，再去根据公司类型匹配最合适的岗位。如果不知道怎么分析自己，职业测评是一个好方法。现在市面上许多专业的测评网站都提供免费的测评服务。

## 对职业生涯目标的判断

大公司的晋升路线基本上都是围绕着"职业经理人"而展开。依靠大公司的平台，基本上八九年之后在这个行业里都能积攒出一些名声和人脉出来，到那个时候选择范围会变得非常多。但选择范围再大，终究还是个职业经理人，领着老板发的薪水，即使是做到 CEO 的级别，财富也不会有爆炸性的增长。

而小公司不一样，它更要求员工把自己当作"创业者"，有福同享，有难同当。如果加入的是处在朝阳行业中的小公司，并且你也看好公司的业务模式和老板，跟随着干几年很有可能比大公司获得的回报还要高。尤其是早期加入的员工，如果能够获得公司一定的股份，那么一旦公司上市或者融资套现，那将会是一大笔钱。可这条路回报大，风险也大。同样也有可能公司最后做得并不成功，你并没有获得期望的金钱回报，但这样的工作经历会让你对行业有更深的了解，而不是像大公司一样做一颗螺丝钉，你在小公司关注的会是一整条生产线。

## 对公司的预判

首先是业务模式的判断，说白了就是你是否认可公司赚钱的方法。这是很多人容易忽视的一点，但是当你的职业生涯越往后走，这一点越重要。认可了公司的业务模式，目光才能放得长远，即使现在拿的工资并不高，但是未来的可期望受益会很高。尤其是对于加入小公司的人而言，先理解公司的业务模式至关重要，因为这决定了你是否应该长期投入自己的精力，陪伴公司成长。

其次是对工作环境的判断。多多观察周遭的部门同事、老板甚至是行政人事，看看他们的做事风格是否和你相符。这些将在日常工作中潜移默化地影响到你，如果和周围人的价值观、行事方法都格格不入，那最好还是赶紧撤离。

最后是对公司未来成长形势的判断。公司在整个行业中是否处于一个优势地位，或者，你相信公司将会到达这个位置。这一点不仅要看公司现有的业务模式，更要结合行业的发展趋势、竞争对手的情况，以及公司的战略决策去综合判断。在面试时多向 HR 和业务部门的负责人了解这方面的情况，另外自己也要主动去寻找相关的信息，将它们综合起来加以分析。

**图书在版编目（CIP）数据**

飞跃：从月薪 3000 到年薪百万的职场成长书 / 张良计著 .—桂林：漓江出版社，2018.4（2018.5 重印）

ISBN 978-7-5407-8391-4

Ⅰ.①飞… Ⅱ.①张… Ⅲ.①职业选择－青年读物　　Ⅳ.① C913.2-49

中国版本图书馆 CIP 数据核字（2018）第 006368 号

## 飞跃：从月薪 3000 到年薪百万的职场成长书

作　　者：张良计
策划统筹：符红霞
责任编辑：杨　静
助理编辑：谷　磊
责任监印：周　萍

出 版 人：刘迪才
出版发行：漓江出版社
社　　址：广西桂林市南环路22号
邮　　编：541002
发行电话：0773-2583322　　010-85891026
传　　真：0773-2582200　　010-85892186　　　邮购热线：0773-2583322
电子信箱：ljcbs@163.com
　　　　　http://www.Lijiangbook.com
印　　制：北京大运河印刷有限责任公司
开　　本：710×960　1/16　　印　　张：14.5　　字　　数：120千字
版　　次：2018年4月第1版　　印　　次：2018年5月第2次印刷
书　　号：ISBN 978-7-5407-8391-4
定　　价：45.00元